社会化媒体商业模式创新研究

窦毓磊◇著

中国传媒大学出版社
·北京·

序

虽然我们已经身处信息社会,但我们经常会用工业社会甚至农业社会的思维习惯来解决信息社会遇到的问题。前些天在一个论坛上,还有学者在争论到底是"传媒+互联网"还是"互联网+传媒"的问题。我深深地感触到,许多学者并没有真正认识到互联网的革命性意义。从经济形态上讲,人类社会经历了农业经济、工业经济和目前的信息经济。在农业经济时代,生产资料包括土地、工具和劳动力等;先进生产力的代表是耕作生产技术革新;战争的方式讲究两军对垒、排兵布阵;人们的娱乐方式主要是说书、二人转、堂会等形式的小型演出。工业经济时代,生产资料包括土地、厂房、机器设备、工具、原料等,先进生产力代表是蒸汽机、电力等重大技术发明;战争的方式是海陆空立体化打击方式;人们的娱乐方式主要是电影、电视、大型演出等。到了信息经济时代,除了劳动力、土地、资本、企业家等生产要素之外,信息也作为相对独立的要素投入生产,具有独立交换的价值。信息经济时代的先进生产力代表就是互联网,互联网就相当于工业经济时代的电力和蒸汽机。信息时代的战争也已远远不是大刀长矛、飞机坦克的战争形态,输油管路、道路交通、通讯系统、军事指挥系统和城市智能系统的远程控制,将是信息经济时代的主要样式。人们对新的信息战争的样态还如此陌生,以至于当我们已经进入到信息战争状态时还浑然不觉。斯诺登已经为我们揭示出了美国信息战争的獠牙面目,而我们却依然从道义的角度去对美国的信息监控进行谴责,没有认识到人类已经进入到信息战争的状态。不仅对于战争的认识模糊,人们对于信息经济时代主要的娱乐方式的变化也还没有清晰的认识。信息经济时代,人们对于娱乐的观念将会发生重要的改变,人们已不再满足于被动地接收信息,仅仅作为电影电视的"观众",而是要介入其中,在虚拟现实中进行消费式互动。从这个意义上说,游戏必然是信息经济时代人们主要的娱乐方式;社会化媒体成为人际交往的重要方式。

互联网创造了新的商业模式。数字化时代的文化生产方式已经发生了革命性变化,从创意、制作、发行、销售到消费,各个环节都有质的飞跃。互联网为创意的扩散和集成提供了极大的可能性。信息成为继土地、劳动力、资本之后的首要稀缺资源,基于社会化媒体社交网络,人们与亲友、志趣相投的团体乃至千百万人分享创意、文章、图片和音乐。社交网络成为创意集成的巨大发酵池。无数的创意火花在相互点燃、相互启发、相互完善。创意企业在社交网络上发布创意需求,或者自己的设计,对此关注的群体或者消费者在社交网络上进行互动,一对一或者一对多地进行讨论,最后形成大量的消费者都参与设计,形成能满足消费者需要的创意要素供生产者进行生产。

新媒体与传统媒体最大的区别在于传播过程的"去中心化""碎片化"和"分众化"。社会化媒体普遍具备以下特点:"用户参与""内容分享""社区化""真实性""开放性""互动性"等显著特点。代表性的表现形式有社交网站、维基百科、博客、微博、视频分享网站、图片分享网站、新闻综合定制(RSS)、微信等。社会化媒体的涌现带来了全新的互联网商业模式,传播的方式由过去的大众媒体的"一对多"范式,转变为"多对多"甚至"多对一对多"。不同于传统互联网的主要依靠广告赢利的模式,社会化媒体依靠自身的互动、分享及关系网络的优势,不断地创造出新型的商业模式。商业模式的创新,关系到企业赢利及其可持续发展问题。窦毓磊选择这样一个题目作为自己的研究对象,可以说是抓住了社会化媒体研究的关键。

窦毓磊对社会化媒体的商业模式进行了独立的思考和深入的研究。在对以往商业模式研究进行梳理的时候他发现,这些商业模式研究的范式,与传统行业比较匹配,但在信息化时代,这些研究范式很难适应以互联网和移动互联网为基础的社会化媒体实践发展。以工业化时代产品经济为研究对象的思维方式,不能简单地拿来用在信息化时代的社会化媒体上面。因此,窦毓磊在以往商业模式研究的基础上开拓创新,建立起了自己独特的适应社会化媒体商业模式的研究模型。这就是他的3V2E模型。其中3V代表价值主张、价值构建及价值体现三大板块,内含价值诉求、用户参与、用户管理、市场定位、资源配置、核心行动、管理团队、赢利模式、成本控制九大要素;2E代表内部环境与外部环境两大促成创新的因素,从创新的角度深度挖掘社会化媒体企业商业模式背后的驱动因素,并对其未来的发展进行有效的评估。窦毓磊的这个研究模型在对社会化媒体商业模式的探讨中是行之有效的。比如,他利用这一模型对Facebook与微信的商业模式进行了比较研究,指出"在未来移动互联网的竞争领域,微信必将成长为重量级的竞争对手,未来微信的重点商业化征程还是起步于国内,随着其平台战略的进一步实施,未来其必将接管QQ平台上所形成的所有资源优势,通过对于支付平台的整合,未来微信必将成为移动互联网领域的新型商业霸主。Facebook目前在移动互联网领域的发力还需要一个过程,其传统互联网领域的竞争优势短期内很难复制到移动互联网领域中来,Facebook需要抛弃其固有的传统互联网的发展思路,立足于移动互联网的小、快、灵的特点,打通用户与商家之间的联系纽带,从传统的广告思维模式向移动互联网的增值服务模式转变,唯有如此,才能够在移动互联网的竞争中,取得先发优势"。再如,针对国内的互联网企业缺乏根本性创新的能力的问题,他从创新的机遇、创新的原则以及创新的环境三个方面来进行了详细的分析与探讨,试图破解社会化媒体企业中外商业模式的创新密码。这些见解无疑都具有一定的创新性。

李怀亮
中国传媒大学文法学部学部长、教授、博士生导师
国家文化贸易理论研究基地负责人
中国传媒经济与管理学会副会长

目 录 Contents

绪 论 / 1

第一章 社会化媒体概述 / 13
第一节 社会化媒体的发展历史 / 13
第二节 社会化媒体的特点及分类 / 18

第二章 国内外商业模式研究概况 / 30
第一节 商业模式研究的兴起 / 30
第二节 商业模式的概念 / 32
第三节 国内外商业模式研究方法分类 / 37

第三章 社会化媒体商业模式构建 / 44
第一节 社会化媒体企业商业模式的构建意义 / 44
第二节 3V2E社会化媒体商业模式构建 / 47
第三节 社会化媒体商业模式的分类研究 / 61
第四节 社会化媒体商业模式创新的经济学理论 / 66

第四章 国内主流社会化媒体商业模式分析 / 70
第一节 新浪微博的商业模式分析 / 70
第二节 腾讯微信的商业模式分析 / 87
第三节 优酷网的商业模式分析 / 105

第五章 国外主流社会化媒体商业模式分析 / 125
第一节 Facebook 的商业模式分析 / 125
第二节 Twitter 的商业模式分析 / 142
第三节 YouTube 的商业模式分析 / 160

第六章 中外社会化媒体商业模式对比及创新分析 / 180
第一节 中外社会化媒体商业模式对比 / 180
第二节 中外社会化媒体商业模式创新分析 / 201

结　论 / 211

参考文献 / 216

后　记 / 221

绪 论

一、研究背景及意义

（一）背景

随着Web2.0技术在互联网的应用,传播的方式发生了巨大的变化,原先的大众媒体的"一对多"的范式已经不再独霸天下,以微博、视频网站等为代表的社会化媒体使传播的受众同时也变为传播的内容制作者,传播形式从简单的"一对多"发展到"一对一""多对多"甚至是"多对一对多",互联网的入口从单一的搜索引擎变为个性化的社会化网络与搜索引擎并存的方式。伴随着技术的更新,传统的商业模式定义已经无法涵盖社会化媒体企业的发展,因此必须针对特点提出创新的商业运营模式。

伴随着近几年的飞速发展,社会化媒体已经形成一个相对稳定的新型互联网表现形式,相对于Web1.0时代而言,社会化媒体更加注重"个性化、碎片化、去中心化",强调"分享与互动",更加注重具有共同兴趣的"社区"内的沟通与互动。它们依托Web2.0的技术平台,强调以个性化、互动、分享的方式同世界沟通、交流。它们的出现改变了大众传媒的传统传播方式,颠覆了传统的营销及商业模式,迅速积累

了大量的流量,但是如何将大量的流量转化为有效的商业价值并最终实现赢利,依然是社会化媒体走向成熟并健康发展的必由之路;同时,作为文化传播的新兴载体,社会化媒体必将受到各种现实条件的制约,如何在新的发展环境下,充分挖掘社会化媒体的优势,更好地打造新型文化传播平台,不断探索创新的商业模式,并对该领域内中国与国外社会化媒体文化产业进行互动研究,必将为该产业的未来发展及规范管理提供有力的理论保障。

(二)现实意义

目前,国家综合实力的竞争越来越表现在以文化为核心的软实力竞争上,胡锦涛总书记在十八大报告中提出,要加强重大公共文化工程和文化项目建设,完善公共文化服务体系,提高服务效能。促进文化和科技融合,发展新型文化业态,提高文化产业规模化、集约化、专业化水平。构建和发展现代传播体系,提高传播能力。他还指出,要坚持把社会效益放在首位,社会效益和经济效益相统一,推动文化事业全面繁荣、文化产业快速发展,将文化产业发展成为国民经济支柱产业。① DCCI 中国互联网数据中心发布的《2010—2011 年度中国互联网市场数据发布报告》显示,中国互联网发展迅速,目前网民人数已经占到中国人口的 40.7%,广告市场规模持续高速增长,2011 年高达 344 亿元人民币,并有望在 2012 年超越报纸,成为仅次于电视广告的第二大广告市场。社会化媒体属于新型的互联网领域表现形态,属于破坏型创新类型,颠覆了传统的信息发布及传播方式,属于跨学科的研究领域,加之出现的时间较短,尚未形成成熟稳定的商业模式,因此相关的文献及参考资料有限。同时,由于中外商业环境的差异,国外

---

① 胡锦涛在中国共产党第十八次全国代表大会上的报告。

很多成型的商业模式并不能简单地复制到国内,中外都处于一个起跑线上,国外媒体很难在短期内形成垄断优势;社会化媒体作为互联网领域的新兴代表,必将在未来引领新兴文化产业的潮流。通过对该领域的研究,可以更好地了解国内外文化产业的发展规律,从而推动国家制定保护及促进国内互联网产业化的相关政策,通过不断创新摸索,找到一种适合中国国情的社会化媒体商业模式,为本土企业抢占国内文化制高点、增强中国文化的软实力打下坚实的基础。

二、文献梳理与概念界定

(一)文献梳理

"社会化媒体"的出现伴随着 Web2.0 概念的提出以及 2000 年年底的互联网泡沫的破灭。一大批基于 AJAX 技术的新型互联网公司大批涌现,它们带来了全新的商业模式,即"社会化媒体的商业模式"。它们不同于传统的大众媒体,所有的内容都由少数的专业人士来掌控。它们建立了一种双通道的沟通体系,用户既是内容的生产者,也是内容的消费者。新媒体与传统媒体最大的区别在于传播过程的"去中心化""碎片化"和"分众化"。[①] 社会化媒体普遍具备"用户参与""内容分享""社区化""真实性""开放性""互动性"等显著特点。代表性的表现形式有社交网站、维基百科、博客、微博、视频分享网站、图片分享网站、新闻综合定制(RSS)、微信等。社会化媒体的涌现带来了全新的互联网商业模式,传播的方式由过去的大众媒体的"一对多"范式,转变为"多对多"甚至"多对一对多"。未来学家托夫勒在《第三次浪

---

① 李怀亮:《新媒体发展与当代传媒经济研究的新课题》,《新媒体:竞合与共赢》,中国传媒大学出版社 2009 年版。

潮》一书中所提到的生产者与消费者的混合体——生产兼消费者(Prosumer)已经在社会化媒体上大行其道。不同于传统互联网的主要依靠广告赢利的模式,社会化媒体依靠自身的互动、分享及关系网络的优势,不断地创造出新型的商业模式,并对原有商业模式进行"创造性的破坏",博客的出现到微博的兴起仅有短短数年时间,后者已经取代了前者在社会化媒体中的位置,新技术的出现促进了商业模式的不断推陈出新,如何把握创新的关键,如何才能实现创新企业的可持续发展并最终实现赢利是笔者研究社会化媒体商业模式的根本原因。为此,笔者查阅了近年来有关社会化媒体企业研究的国内外大量文献,并对于其中最有代表性的资料进行了单独的梳理与挖掘,发现其中绝大多数着眼于社会化媒体企业的赢利模式及营销手段的研究,研究范围过于狭窄,为此,笔者决定从商业模式的角度入手,着手研究社会化媒体企业的商业模式。

经过梳理资料,笔者发现,"商业模式(Business Model)"于 1957 年就在相关的论文当中有所提及,并在 1960 年作为论文的题目与摘要出现,但是对于其真正意义上的研究,最早可以追溯到 20 世纪 80 年代末期,加里·哈默尔和 C. K. 普拉哈拉德(Gary Hamel & C. K. Prahalad,1989)的相关研究。他们提出企业"战略意象"(Strategic Intent)的概念,其本质含义等同于商业模式,著名管理学大师彼得·F. 德鲁克(Drucker,1994)最早将其称为经营理论(Business Theory),加拿大著名管理学家亨利·明兹伯格(Mintzberg,1994)把企业组织的商业模式称为"战略思想"。20 世纪 90 年代后期,随着以互联网为代表的创新型企业的涌现,基于互联网企业研究的商业模式概念不断涌现,在近 20 年的时间里,国内外涌现了大量从事"商业模式"研究的学者及文献资料。

通过对中外各类商业模式的研究资料进行整理,笔者发现,针对商业模式的具体研究是伴随着互联网的兴起而出现的,早期的研究分类过于宽泛、简单,随着1998年保罗·提姆斯(Paul Timmers)结合价值链构建的模型的提出,为深入研究商业模式打开了一个全新的思路。笔者通过对国内外商业模式研究资料的梳理,将其大致分为以下五大类别。

1. 早期宽泛笼统的分类研究

代表人物为保罗·班伯里(Paul Bambury)与德赖斯巴赫(Dreishbach),保罗·班伯里(1998)基于新旧经济中已有商业模式的差异性进行了分析;德赖斯巴赫(2000)提出了基于企业提供的产物进行分类的模式。

2. 基于企业价值链角度的研究

此类研究以欧洲委员会中小企业电子商务部门负责人保罗·提姆斯(1998)为代表,国内主要的学者以高闯为代表。哈佛大学助理教授亨利·切斯布鲁和理查德·罗森布鲁姆(Chesbrough & Rosenbloom,2002)在此基础上提出了商业模式的认知结构体系。

3. 基于企业价值实现的研究

代表者为美国北卡罗来纳州立大学(North Carolina State University)教授迈克尔·拉帕(Rappa,2004)。拉帕从收益实现的角度对商业模式进行了详细划分,国内从事此类研究的代表学者为西南财经大学的罗珉教授(2005),他从租金理论的角度解释商业模式的创新。

4. 基于企业的商业构成的基本元素划分

代表人物为国外的维欧与中国的方孜与王刊良。维欧(Weill 2001)提出了基于"原子商业模式"的商业模式分类方法。国内学者方孜与王刊良(2002,2003)沿用维欧(2001)所提出的"原子商业模式"的概念,提出了 5P4F 的商业模式分析方法。

5. 一体化的商业模式

主要从企业内部及外部的各项经营要素出发,综合进行分析阐述,并在此基础上对商业模式的产生进行综合的构建,使企业能够找到一种进行商业模式创新与实施的具体指导方法。国外的代表学者为奥斯特沃德与佩格纳(Osterwalder & Pigneur),国内主要代表学者为翁君奕与原磊。

通过资料整理,笔者认为,相对于早期的针对新兴互联网企业商业模式的简单分类而言,当今的商业模式研究方法在基于价值链结构分析的基础上,已经有了极大的推进与改观,但是随着商业模式概念的不断被强调,研究者将其从早期的基于新经济形态的简单分类,进一步发展成为一种企业创新研究的分析工具,研究的重点开始聚焦于所有企业的创新问题,对于早期的研究重点——互联网企业,反而有所忽略,更加醉心于搭建一个所有企业都能够通用的商业模式分析标准。一体化的商业模式研究方法就是其中的典型代表,它是目前对于商业模式研究较为全面的一种方式,但仍完全基于所有类型企业的立场对商业模式进行通用式研究。由于面向所有的企业类型,整体模型显得较为复杂,对于新近出现的社会化媒体所强调的用户与企业之间的交互性与对等性的关注还稍显不足。

笔者认为,建立一个适用于所有新旧企业的万能商业模式评价模型似乎是一项不可能完成的任务,鉴于商业模式本质上就具备创新的理念,是对旧有的商业模式的创造性的毁灭,因此,随着互联网技术的不断发展,必将出现新型的商业模式,而新型商业模式往往是在创新型企业取得成功之后才得到认可,并被认定为一种新型的商业范式的,因此,以往研究的商业模式框架很难对新型的商业模式进行完整的阐述，社会化媒体企业的出现就是典型的例子。在新的技术及市场环境下，用户的认知发生了巨大的改变，现有的从企业自身利益出发的商业模式评价体系很难完全概括新的商业模式架构。

为此，笔者在综合国内外以往各类针对商业模式的研究文献基础之上，结合当代管理学大师彼得·F.德鲁克在《创新与创业精神》一书中所提到的创新型企业的各项成功要素，提出了针对社会化媒体企业商业模式研究的方法途径，针对新型社会化媒体企业的商业模式进行了专门的整理与挖掘，提出了自己对于社会化媒体企业商业模式架构的创新性描述，强调社会化媒体企业与用户之间的对等关系，以及企业管理的去中心化、用户参与价值创造等显著特点，并结合国内外主流社会化媒体企业的个案进行综合分析，运用自己的商业模式架构及评价体系，从内外环境、价值主张、价值构建、价值体现五大模块出发，结合价值内涵、客户参与、客户关系构建、市场定位、资源配置、核心行动、赢利模式、成本控制以及管理团队等九大商业要素，对中外主流的社会化媒体企业进行深入的分析，并提出了社会化媒体企业未来创新商业模式的发展方向。

(二)概念界定

1.社会化媒体

"社会化"本身就意味着权力下放，即"去中心化"。社会化媒体指人人均可以参与其中、自由发表自己的观点与看法的新型媒体类型，它基于Web2.0技术，强调个人参与，主张社区及用户间的互动与协同，鼓励用户自己创建内容。它改变了过去大众媒体一对多为主的交流范式，主要表现形式有博客、微博、在线视频、论坛、社交网络等，强调身份的真实性，极大地改变了传统的人际组织及沟通方式。

2. Web2.0

Web2.0,指的是综合运用AJAX技术,提供双向消息协议服务的互联网平台,它的出现改变了过去Web1.0时代人们只是被动浏览网络内容的范式,使每个人都可以成为内容的生产者并与他人进行分享,强调以个人为中心的多对多的传播方式,从而极大地改变了互联网的交流方式。

3. 社会化媒体企业商业模式

指的是社会化媒体企业以为客户创造价值为使命,通过把握内外环境中的各项创新因素,在客户参与及客户关系构建基础上,对自身经营要素进行系统性的价值构建,并最终将价值内涵传达给客户,从而得到价值体现的所有行动的集合。

4. 免费商业模式

由美国《连线》杂志的资深记者克里斯·安德森提出,指在互联网时代,随着商品的极大丰富及带宽、存储成本的不断下降,通过多数人免费、少数人收费及交叉补贴、第三方市场等方式,最终实现赢利的商业模式。

5. 病毒式营销

病毒式营销是一种网络营销方法(常用作网站推广的手段),即通过提供有价值的信息和服务,利用用户之间的主动传播来达到网络营销信息传递的目的。病毒式营销同时也是一种网络营销思想,其背后的含义是如何充分利用外部网络资源(尤其是免费资源)扩大网络营销信息传递渠道。视频网站创立初期多依靠病毒式营销快速提升知名度,聚集人气,主要有以下几个步骤:

(1) 提供有价值的产品或服务；

(2) 提供无须努力向他人传递信息的方式；

(3) 信息传递范围很容易从小向很大规模扩散；

(4) 利用公共的积极性和行为；

(5) 利用现有的通信网络；

(6) 利用别人的资源进行信息传播。

6. 长尾理论

长尾理论(The Long Tail)是网络时代兴起的一种新理论，由美国人克里斯·安德森提出。长尾理论认为，由于成本和效率的因素，当商品储存流通展示的场地和渠道足够宽广，商品生产成本急剧下降以至于个人都可以进行生产，并且商品的销售成本急剧下降时，几乎任何以前看似需求极低的产品，只要有人卖，就会有人买。这些需求和销量不高的产品所占据的共同市场份额，可以和主流产品的市场份额比肩，甚至更大。视频网站多数在创立初期按照长尾理论的模式，追求用户及流量的增长，典型的代表是美国的 YouTube，但是大量的用户及流量增长势必造成极大的设备及人员投入，造成很多视频网站运营成本过高，因此 YouTube 至今尚未真正赢利。

7. 众包

众包(Crowdsoucing)由美国资深《连线》杂志记者杰夫·豪威在 2006 年首次提出，豪威在维基百科上为众包下了一个定义：众包指的是一个公司或机构把过去由员工执行的工作任务，以自由自愿的形式外包给非特定的(而且通常是大型的)大众网络的做法。众包的任务通常由个人来承担，但如果涉及需要多人协作完成的任务，也有可能以个体生产的形式出现。视频网站的 UGC 模式本身就是一种典型的众包形式。

三、研究内容与框架

本书以互联网Web2.0时代作为研究背景,以社会化媒体企业的商业运营模式为重点研究对象,通过对社会化媒体的发展概况进行论述,并结合商业模式概念的演变,进一步对社会化媒体的商业模式进行详细的论证与整理,从而建立起社会化媒体的商业运营模式架构理论,通过该理论对国内外六家具有代表性的社会化媒体企业的商业模式进行具体分析与论证,着重阐述在Web2.0时代,各社会化媒体企业如何充分发挥自己在Web2.0时代的技术优势,通过价值主张确定自己的企业使命与发展目标,进而通过价值构建,实现资源的有效配置并展开积极行动,最终通过价值体现的方式创造出属于自己的赢利模式,并在高效团队的带领下,不断地创新并最终实现赢利。笔者运用自己构建的社会化媒体商业模式工具,对上述社会化媒体企业商业模式进行论证分析,得出社会化媒体企业商业模式的创新理论。

本书总体分为三大部分。第一部分,首先讨论了社会化媒体的发展历程以及它所带来的商业模式的创新与变革,总共包含三个章节。第一章首先讲述Web2.0时代的到来,以及所带来的从技术到理念的彻底变革,随后介绍了伴随着Web2.0时代的到来,社会化媒体企业的出现以及发展历史,随后具体讨论社会化媒体的特点与分类情况。第二章主要针对商业模式进行概述,提出商业模式研究的来源,概念的演变过程以及中外目前对于商业模式的研究成果与分类方法。第三章首先阐述了社会化媒体企业商业模式的研究意义,在分析当前中外商业模式研究成果的基础上,结合社会化媒体企业的特点,构建出一个符合社会化媒体企业特性的商业模式创新研究模型,随后针对社会化媒体企业的特点,对当前社会化媒体企业的主要商业模式进行了分类研究。第二部分包含第四章及第五章的内容,在这两章中,笔者分别选取了国内外最具代表性的六家社会化媒体企业,运用自己创新的商业模式分析架构对其进行相应的解构与分析,并通过分类研究成果进行归类,具体包括总体商业模式的构建、微博的商业运营模式、QQ 社区的商业运营模式、微信的商业运营模式、YouTube 及优酷网的商业运营模式、Facebook 的商业运营模式,以及 Twitter 的商业运营模式。第三部分,笔者运用自己提出的商业模式分析架构,对中外社会化媒体企业的商业模式进行对比,分别从内外环境、价值主张、价值构建、价值体现等几个方面,对这些企业进行深入分析与研究,从而找出社会化媒体企业商业模式成功的关键因素,并归纳出社会化媒体企业商业模式发展的普遍规律;提出社会化媒体企业创新所需要具备的关键条件,指出未来社会化媒体企业的商业模式创新的成功方向。最后,通过归纳总结的方法,提炼出模式创新的理论,通过观念创新、技术创新、制度创新之间的递进关系,达到模式创新的目的。

四、主要创新与不足

(一)创新之处

1. 在社会化媒体企业商业模式概念定义及理论阐述方面有所创新。本书在综合论述国内外商业模式既有研究成果的基础上,结合社会化媒体企业的自身特点,提出了针对社会化媒体企业的商业模式定义。笔者在定义中首次引入了用户参与及用户关系构建的元素,这是在以往对商业模式的研究中尚未专门提及的。

2. 引入了内部与外部环境因素。笔者将当代管理学大师彼得·F. 德鲁克在《创新与创业精神》一书中所提到的创新机会的内外七个来源,作为社会化媒体企业进行创新商业模式的推动因子。

3.在构成要素中专门关注管理团队。笔者通过分析大量的社会化媒体企业的商业模式,认为在 Web2.0 时代,社会化媒体企业更加强调管理团队,即人的重要性。社会化媒体企业商业模式成功与否,更取决于管理团队是否具备 Web2.0 时代所需要的创新与管理实践能力。

4.提出了 3V2E 的社会化媒体商业模式的基础研究框架。笔者从实证的角度出发,结合社会化媒体企业自身特点,提出了 3V2E 的社会化媒体企业商业模式架构。3V 代表企业价值主张、价值构建与价值体现三大板块,其中,价值主张包含价值内涵、客户参与、客户关系构建三大商业要素,价值构建包含市场定位、资源配置、核心行动三大商业要素,价值体现包含赢利模式、成本控制与管理团队三大商业要素。2E 指内部环境创新机会与外部环境创新机会两大模块,其中,内部环境创新机会包含意外事件、不一致现象、程序需要及产业与市场结构变化四个方面,外部环境包含人口统计资料、认知的改变与新知识三个方面。

(二)不足之处

由于社会化媒体跟传统的互联网企业相比具有很大的差异性,加之出现时间较晚,现有的商业模式还需要不断验证,因此,在对社会化媒体商业模式的具体评测方面,缺乏更加有效的评估工具。为此,笔者还需做进一步的深入研究。

第一章 社会化媒体概述

第一节 社会化媒体的发展历史

"现代科学和工业的各种发现,创造了一种全新的生存和思想条件……不管未来的社会是根据什么路线加以组织,它都必须考虑到一股新的力量、一股最终乃会存在下来的现代至高无上的力量,即群体的力量。"[①]法国著名社会心理学家勒庞在20世纪做出的预言,在今天正以令人眼花缭乱的方式不断得到印证。随着国内外Facebook、Twitter、YouTube、微博、人人网、优酷的大规模兴起,基于分享型的SNS社会化媒体(Social Media)网络风起云涌,互联网时代已经正式跨入Web2.0时代,其入口从以搜索引擎为代表的大众化入口方式,逐渐转变为以个人为代表的社会化媒体的个人化入口方式。在此方式的驱动下,互联网的核心模式正从海量信息的发布与搜索转变为个人关系的网络构建,协同与互动无处不在。以视频网站、微博、社交网站为代表的主流社会化媒体已经成为互联网发展的最新潮流,作为文化产业的高端代表,社会化媒体在基于Web2.0的技术平台架构下,

---

① 〔法〕古斯塔夫·勒庞:《乌合之众》,中央编译出版社2005年版。

其各类创新商业模式层出不穷,推动整个互联网行业进入一个崭新的社会化媒体平台时代。

一、Web2.0 技术的出现

Web2.0,指的是利用 Web 的平台,由用户主导生成内容的互联网产品模式,为了区别传统的由网站雇员主导生成内容而定义为 Web2.0。① 从严格意义而言,Web2.0 不是一个技术的标准,仅是一个用来阐述技术转变的术语。Web2.0 的概念开始于一个会议中,展开于 O'Reilly 公司和 MediaLive 国际公司之间的头脑风暴。这个术语是由 O'Reilly 的戴尔·多尔蒂(Dale Dougherty)和 MediaLive 的克雷格·赛琳(Craig Cline)在一次头脑风暴中提出来的。多尔蒂提出了 Web 目前正处于复兴时期,有着不断改变的规则和不断演化的商业模式。

2004 年 10 月,O'Reilly Media、Battelle 和 MediaLive 启动了第一个 Web2.0 大会。在会议上,O'Reilly 和 Battelle 总结了他们认为的表现了 Web2.0 应用特色的一些关键:将 Web 作为平台,驾驭集体智能,数据将变成未来的"Intel Inside",软件不断发布与升级的循环将会终结("永久的测试版"),轻量型程序设计模型,通过内容和服务的联合使轻量的业务模型可行,软件运行将跨越单一设备,丰富的用户体验,分享和参与的架构所驱动的网络效应,通过带动分散的、独立的开发者把各个系统和网站组合成大汇集的改革,快速的反应与功能新增。②

其实早在 1999 年,著名的管理学者彼得·F. 德鲁克(Peter F.

---

① 林东清:《资讯管理:e 化企业的核心竞争能力》,《智胜文化》2010 年第 13 期。
② 维基百科"Web2.0 来源",http://zh.wikipedia.org/wiki/Web_2.0。

Drucker)就指出当时的信息技术发展走错了方向,因为真正推动社会进步的,是"Information Technology"里的"Information",而不是"Technology"。如果仅仅着重技术层面而忽略了信息的话,就只是一具空的躯壳,不能使社会增值。而Web2.0很明显是通过参与者的交互:不论是提供内容、为内容索引或评分,都能够使他们所使用的平台增值。通过参与者的交互,好的产品或信息本着它的口碑,从一小撮用户扩展到一大班人,一旦超过了临界质量,就会"像病毒一样广泛流传"①(葛拉威尔,2002)。

双向的消息协议是Web2.0架构的关键元素之一,通过该技术协议,所有上网的人都可以参与到网站内容的建设中去,原有的Web1.0时代用户被动观看的局面将被彻底颠覆。在这种技术机制下,维基、博客、微博、视频分享、即时通讯、地理位置服务(LBS)等,一项项新的技术与应用不断涌现,一个全新的由用户主导的网络时代正式开启。

鉴于Web2.0的显著特征,在综合以往概念的基础上,作者将Web2.0做了以下的定义:Web2.0,指的是综合运用AJAX技术,提供双向消息协议服务的互联网平台,它的出现改变了过去Web1.0时代人们只是被动浏览网络内容的范式,使每个人都可以成为内容的生产者并与他人进行分享,强调以个人为中心的多对多的传播方式,从而极大地改变了互联网的交流方式。

Web2.0的世界也正是丹·吉尔默(Dan Gillmor)的所谓"个人媒体"(We, the media)的世界。在这个世界中,是所谓"原本的听众",而不是密室里的少数几个人,来决定着什么是重要的。②

---

① 〔美〕马尔科姆·格拉德威尔:《引爆点》,中信出版社2009年版。
② 〔美〕蒂姆·奥莱利(Tim O'Reilly):《什么是Web2.0》,《互联网周刊》2005年第11期。

二、社会化媒体发展简史

正是借由 Web2.0 概念的提出,社会化媒体的说法才开始正式出现。据考证,社会化网络的早期原型可追溯到 20 多年前,当时布鲁斯与苏珊创立了一个早期的社交网络站点"开放日记",提供一个公共平台供早期的互联网爱好者在一个共同的社区里将自己的日常心得以日记的形式记录在网页上。随后,博客开始兴起并流行起来,随着 Web2.0 概念的及 AJAX 技术的普及、网络接入速度的大幅提升,各种新的应用形式不断出现并逐渐风靡起来,随着 Myspace 网站及 Facebook 两大社交网站于 2003 年及 2004 年先后创立并席卷全球,所有的这一切最终促成"社会化媒体"的概念正式形成。①

目前对于社会化媒体的定义有很多种说法,但是都脱离不了两个最基本的特征,首先必须基于 Web2.0 的技术架构,其次强调用户参与和用户制造。作者在基于前人研究的基础之上,对于社会化媒体做出以下阐述:社会化媒体指基于 Web2.0 技术的新型互联网及移动互联网的应用模式,主张社区及用户间的互动与协同,鼓励用户自己创建内容,它改变了过去互联网的一对多为主的交流范式,强调身份的真实性,极大地改变了传统的人际组织及沟通方式,主要形式有博客、微博、在线视频、论坛、社交网络等。

社会化媒体的具体发展过程由于涉及的表现形式多样,很难一一详述,其发展过程可以通过其最具典型性的代表——社交网络的发展理出大致的脉络。

---

① Andreas M. Kaplan,Michael Haenlein,"Users of the World,Unite! The Challenges Andopportunities of Social Media",*Business Horizons*,2010 53,59—68,http://openmediart.com/log/pics/sdarticle.pdf.

第一章　社会化媒体概述

　　1997年美国纽约的六度空间网站的建立,标志着社交网络的序幕正式拉开,六度空间率先提出了使用真实身份来映射现实社会中人们之间的真实关系,同时,采用已有用户发送电子邮件邀请的方式吸引更多的用户加入进来,这种做法极具前瞻性,但是由于当时的时机尚未成熟,带宽及技术的发展还不完善,六度空间最后止步于2000年的互联网泡沫破灭。但是,它的建立预示着社交网络时代即将到来。

　　2000年后,伴随着带宽的改善及新型交互式网页技术的飞速发展,社交网络如雨后春笋般迅速出现,2003年2月上线的社交网站Friendster,开创了社交网站的新纪元。它依然采取用户邀请的方式才能加入,同时要求用户必须实名注册,上线短短几个月内迅速积累了数百万的用户,但是由于缺乏有效的管理,伴随着大量用户的加入,网站的速度越来越慢,随着用户体验的急剧下降,被随后上线的Myspace迅速超越。

　　Myspace上线的时机恰好在Friendster体验下降时,由于它放开了对用户注册的限制,无须邀请,真假名均可,因此受到了用户的青睐。随后它推出了自行加载页面及上传图片与音乐、视频服务,使之进一步与社交网络融合在一起,结果在年轻人当中大受欢迎,迅速取代Friendster,成为当时年轻人的最爱。后被新闻集团收购。

　　Facebook成立于2004年,以提供大学校园交友服务起步,由于其始终坚持以真实的用户名称注册,并采取以用户价值为中心,不以赢利为驱动的开放、透明的态度最终击败了Myspace成为社交网络领域的霸主。

　　通过社交网络的演化过程我们不难发现,社会化媒体企业从创立到发展出一套成熟的商业模式,必然要经历一个长期的进化过程,在此期间,商业模式的产生将受到外部环境、内部资源、用户体验、成本控制、赢利模式、管理团队等诸多因素的影响。早期六度空间的失败很大程度上在于整个外部环境的不具备,带宽不够,技术尚不支持互动,加之早期运

社会化媒体商业模式创新研究

营成本过高,最终导致了公司的失利。Friendster 的出现恰逢 Web2.0 时代的到来,外部环境有了极大的改善,宽带网络开始普及,互动的网页技术已经日臻成熟,因此迅速积累了大量的用户,但是由于缺乏有效的管理,造成网络拥堵,用户体验下降,最终被后来者 Myspace 超越。Myspace 采用了非实名注册的方式,并允许用户自己创建主页,用户可以通过 Mysapce 自由上传各类音乐、视频及照片,与朋友在网上讨论最喜爱的乐队,并分享彼此的各类图片、视频及音乐文件,因此迅速成为年轻人的最爱。Facebook 起步于哈佛的新生通讯录,开始时就遵循实名注册的社交网络准则,用户都是使用真实资料注册,因此形成线下互动的可能性大大增加。用户都是现实生活中认识的朋友,所以互动的内容、话题更为丰富,加之其创建者的雄心与其稳打稳扎的风格,使它最终成长为社交网络的霸主并取得了美国有史以来最大的一次 IPO,发行价 38 美元,融资 160 亿美元,市值达 1040 亿美元。

第二节 社会化媒体的特点及分类

一、社会化媒体的特点

对于社会化网络的特点,互联网社会学家达纳·博伊德(Dana Boyd)和妮科尔·艾莉森(Nicole Ellison)在 2007 年的一篇文章中描述如下:"建立一种公开或半公开的个人档案,和别的一些用户通过同一个关联进行通信,浏览所有关联并加入系统内其他用户所建立的关联。"如此一来,用户就将自己置身于相关的网络关系链接中去,并从中发现跟自己兴趣相近的各类关联,从而形成各类交集与社群。

随着互联网技术的不断发展,社会化媒体形成了以 AJAX 综合技术为基础架构,以博客、微博、社交网络、视频分享、维基百科等为各类

表现形式,强调用户参与、分享及互动的新型媒体形态。社会化媒体具备以下显著特点。

(一)个性化

17世纪的法国哲人蒙田曾经说过:"在这个世界上,没有任何两个人的意见是完全相同的,正如两根头发,两颗谷粒都不尽相同,差异性是他们最普遍的个性。"蒙田所描述的,每个人与生俱来的差异性,即个性化,在当今的社会化媒体平台上得到了极大的诠释。在Web2.0时代,人们不再满足于被动地在电脑前阅读各类海量信息,通过开通个人博客、微博的形式,人们开创了属于自己的意见平台。每个人都可以独立地参与各项公共事件的讨论,发布自己的个人意见,并自行决定公开自己的意见或是与圈内的好友共享。每个人都可以根据自己的需求进行种类繁多的个性化定制,从浏览器到个人主页甚至私有云一应俱全。"在网络经济时代,个体可以更好地诠释个人自身的价值,作为一个'社会化'的人,每个人可以自由地与他人进行互动、协作,人们不再像过去那样作为市场的参与者而受制于价格体系的束缚。"①

(二)互动合作

社会化媒体弥补了传统媒体语境的缺失,"不管是在口头文化还是在印刷术文化中,信息的重要性都在于它可能促成某种行动。"②未来学家阿尔文·托夫勒早在1980年就在其名著《第三次浪潮》中预测,消费者将对消费品的生产过程施加更多的影响,从而演变成"生产消费者"。在Web2.0时代,人们由传统的被动型消费者(consumer),

---

① Yochai Benkler, *The Wealth of Networks*, Yale University Press, New Haven and London, 2006.
② 〔美〕尼尔·波兹曼:《娱乐至死》,广西师范大学出版社2009年版。

演变成生产者与消费者的混合体(presumer),每个人都可以在网上发起一项活动,发动所有对活动感兴趣的人参与进来,并共同分工协作,保证活动的顺利进行,从维基百科的创立到 Linxus 软件的开发成功,到美国杰克兄弟创办的由用户设计、评选并最终生产的 T 恤网站 Threadless.com 的商业模式的成功,无不彰显着社会化媒体平台上"我为人人,人人为我"的协同互动的朴素理念。

案例:电影《诡异空间》(*We Are the Strange*)的制作与发行

贝尔蒙特,美国自学成才的动画片制作人,在 2006 年制作了一部名为《诡异空间》的电影,故事讲述的是一个玩具和一个小女孩去寻找完美冰激凌店,一路上他们遇到了怪物、机器人和一个叫"雨"的超级英雄。这是一部不同寻常的原创电影,贝尔蒙特在没有演职人员、没有预算的情况下,独立完成了影片的制作,由于他将制作电影的过程以视频博客的方式发布在网上,所以在影片尚未完全剪辑好之前,他就已经拥有了大批影迷。2006 年,他在 YouKu 上发布了影片的宣传片,很快引起一片狂潮,成为 2007 年圣丹斯电影节上大众期待的一部影片,在影片发行阶段,他避开了传统好莱坞的发行体系,通过电影分享技术 BitTorrent 发行了自己的电影并通过商品及 DVD 销售获得了赢利。他的成功完全颠覆了传统的电影运营模式,成本低廉的娱乐产品,拥有数百万的观众,免费制作,免费发行,使传统电影工业的大部分内容失去了存在的价值,开创了社会化媒体时代生产者与消费者的互动典范。①

---

① Mark Granovetter,"The Strength of Weak Ties",*American Journal of Sociology*,78(5):1360—1380.

(三)关系构建

在马克·格兰诺维特(Mark Granovetter)发表于1973年的论文《弱关系的力量》中,格兰诺维特发现,由家人、好友构成的强关系在工作信息流动过程中起到的作用很有限,反倒是那些长久没有来往的同学、前同事,或者只有数面之缘的人能够提供有用的求职线索。个中原因不难理解:强关系的组成者的相似度高,他们之间信息的重复度也高,通过强关系传播的信息更可能限制在较小的范围内;弱关系中的信息传播由于经过较长的社会距离,因此能够使信息流动起来,因此他得出了令人吃惊的结论:"有效的社会协同并不出现在密集互锁的'强'关系中。相反,它来自于常常是互相不怎么了解或者没有很多共同点的个体之间的偶尔的弱关系。"[①]社会化媒体的最大特点就是可以方便快捷地为人们提供关系的链接与管理。通过Facebook、人人网、微博等社会化平台工具,人们开始热衷于打造以自我为节点的社交网络图谱,人们更加关心自己熟悉的亲朋好友都在关注什么,他们都有什么好的东西与自己分享,自己也同样可以将身边的奇闻逸事回馈给对方。人们已经不再被动地去看新闻,而是通过微博及好友的推荐来了解周围感兴趣的事情并参与讨论与行动。

案例:关于"六度分割"的小世界实验

1967年,著名的社会心理学家斯坦利·米格拉姆(Stanley Milgram)做了一个非同寻常的实验来证实一个当时在社会学界流传甚广却未经证实的假说:"看起来很庞大的由相识关系构成的社会网络系统,在一定意义上说是很小的,人

[①] Mark Granovetter,"The Strength of Weak Ties",*American Journal of Sociology*,78(5):1360—1380.

们通过很少的几层朋友关系,就可以联系到另外任何一个人。"为了验证这一假说,米格拉姆设计了一种创造性的消息传递机制,他把一些信件散发给几百个从波士顿、奥马哈、内布拉斯加随机找来的人,所有的这些信都要发给马萨诸塞州夏朗区的一个股票经纪人,但是这些信的传递需要遵循以下规则:发信人必须发给自己熟悉的,知道名字的人,当然,如果他恰好认识这个经纪人,就可以直接寄给他,如果不认识,就寄给一个他自己认识,并且认为可能会接近收信目标的人,当时米格拉姆居住在波士顿,内布拉斯加相对于波士顿而言,简直远得不可思议。他问这些人,估计要转手多少次,这些信才能送到?典型的说法是几百次,然而最终的结果接近于六!"六度分割"这个说法由此而来。① 而如今,社会化媒体的出现,为人们的沟通及交流提供了更为便捷的工具,每个人都可以利用社会化媒体工具轻松地验证"六度空间"的魅力所在,社会化媒体使我们的关系网络可以遍及世界各个角落。

(四)视觉文化

美国社会学家丹尼尔·贝尔曾说:"我相信,当代文化正在变成一种视觉文化,而不是一种印刷文化,这是千真万确的事实。"② 在现代社会,"声音和影像,尤其是后者,组织了美学,统率了观众,在一个大众社会里,这几乎是不可避免的"。这个世界,"为人们看见和想看见(不

---

① 〔美〕邓肯·J. 瓦茨:《六度分割》,陈禹译,中国人民大学出版社 2011 年版。
② 〔美〕丹尼尔·贝尔:《资本主义文化矛盾》,赵一凡译,三联书店 1989 年版。

是读到和听到)的事物提供了大量优越的机会"①,数码相机的出现,大大丰富了网络的空间,在移动互联网时代,智能手机整合了数码相机的功能,在微博等社会化媒体平台的帮助下,人人都能够成为一个自媒体的平台,随时记录当下的影像并上传至网络,随时与众人分享,并引发新一轮的拍摄、上传行为。随着带宽的不断增加及资费的下调,Web2.0时代变为强调视觉冲击的时代,如果你在网上仅仅发表文字而不配备各类图片及视频,恐怕很难引起别人的关注;相反,如果发表大量图片及少量的文字说明,效果肯定会好很多。由于视频对带宽及存储的要求较高,因此很多视频还是以UGC的方式放在视频网站上,但是通常会在微博等社会化媒体平台上发布链接从而实现病毒传播。

案例:Pinterest网站的崛起

　　Pinterest是一家以兴趣为基础的社交网络,Pin(图钉)+Interest(兴趣),即把自己感兴趣的东西用图钉钉在钉板(Pinboard)上。网站页面底端自动加载,无需翻页功能,让用户不断发现新图片。网站创立于2010年,创立之初是为了使创始人本·希伯尔曼(Ben Silbermann)解决自己一个很实际的困扰。在为女朋友寻找订婚戒指的过程中,本·希伯尔曼发现了很多中意的戒指,但选择太多就需要反复比较,按照习惯,本接下来会打印出各种戒指的相片,把它们钉起来,与女朋友一起挑选——等一下,如果有一个网站能够把这些相片都贴在同一页面上,不是更好?灵光一现的创意让本·希伯尔曼走上了创业之路,以兴趣为基础的社交网络Pinterest通

---

① 〔美〕丹尼尔·贝尔:《资本主义文化矛盾》,赵一凡译,三联书店1989年版。

过瀑布流展示图片的形式让它在美国蹿红,成为2011年美国社交网络中的一匹黑马。2011年Pinterest被评为"美国最受欢迎的十大社交网络",并以月增长45%的速度赶超Google+,成为2011年美国社交网络中的一匹黑马。①

(五)意见领袖

根据美国社会学家保罗·F.拉扎斯菲尔德(Paul F. Lazarsfeld,1945)的定义:"意见领袖不是一般意义上的领袖,往往是普通人,只在传播活动中扮演了领袖的角色。意见领袖首先要有较高的威望和良好品质,有一定的影响力。意见领袖是个见多识广的人,较多接触和使用大众媒介,参与高层次的交往活动,在群体之外富有社会关系。他们由于经常从各个信源获得大量信息,因而经常扮演信源和指导者的角色。意见领袖只是在其精通的领域里充当领袖,指导他人,在他不熟悉的领域内只好充当追随者,因此,意见领袖是相对的、可变的。"②当然,人群中地位相当的人平等交换意见、分享信息的情况也经常存在。伴随着Web2.0时代的互动,人类正式步入了真正意义上的群体时代。通过社会化媒体平台,人们可以抛掉现实中的面具,积极地参与各项议题的讨论,但是讨论的最终结果往往被极少数的领袖人物所左右。意见领袖往往对自身所在的群体具有较强的影响力,虽然很多意见领袖不一定有多么强大的背景,但是他们在某些方面的专长会让其他人对他们的看法极为重视,甚至是直接模仿。他们或是该领域的专家,或是热心于某项活动的狂热分子,甚至本身就是各个领域的明星或大腕,在品牌和消费者之间发挥着重要的桥梁作用。他们每

---

① 百度百科"Pintetest",http://baike.baidu.com/view/6620273.htm。
② 百度百科"意见领袖",http://baike.baidu.com/link? url=HDsOb-JINMjZHFdVg。

人都拥有百万以上的粉丝,他们的一举一动,对于大批的追随者将产生重大的示范效应,如果某个视频或图片受到他们的推荐,其粉丝的传播速度及影响力将难以估量。未来网络将进入意见领袖为代表的影响力时代。

案例:罗永浩怒砸西门子

2011年9月,新东方学校的前英语老师,牛博网及老罗英语培训机构的创始人罗永浩在微博上抱怨,说自家的西门子冰箱门老是出现关不上的问题,引来大批的网友及粉丝的共鸣,最后大家认为这是西门子冰箱在设计上的缺陷,并要求西门子公司予以解决。西门子对于事件的处理显然过于草率,并未在微博上进行积极沟通回应,反而态度傲慢,推脱搪塞,在多次沟通未果的情况下,罗永浩发起了针对北京西门子总部的维权活动,用铁锤砸烂三台有质量问题或设计缺陷的冰箱,并递交书面申请,督促西门子公司立即改正拒不承认产品问题、推卸责任、忽视消费者诉求的恶劣做法,并召回有问题的冰箱。西门子由此陷入一场由意见领袖所引起的公共危机。12月20日,罗永浩在北京海淀剧院举办之前承诺过的"西门子冰箱门"事件交流会。罗永浩带来20余台冰箱,在经现场观众验证确实关不上冰箱门后,记者和网友代表当场抢锤将其砸烂。罗永浩表示,下一步将就西门子冰箱冷藏室积水问题继续维权。[①] 这是一个百年老厂与一个百万粉丝级的意见领袖的较量,在这场纷争中,百年老厂明显处于下风,由于缺乏应对新媒体的紧急预案,加上笨拙的新

---

① 《罗永浩再砸20台西门子冰箱维权》,网易新闻,http://news.163.com/11/1220/20/7LOB5U1800014JB6.html,2011-12-20。

媒体公关能力,使西门子品牌在此次危机中受到重创。反观罗永浩,用区区几台冰箱的代价,为自己赢得了维权英雄的形象并将"砸冰箱"上演成一种当代的行为艺术,并持续受到媒体的关注与曝光,可谓名利双收。

(六)非市场化机制

非市场化(Nonmarket Mechanisms)是当今信息经济的一个重要的特点。任教于美国哈佛大学的著名互联网社会学家余查·班克尔(Yochai Benkler)指出,所谓的非市场化机制就是不再依靠所有权策略来界定产品的归属,在网络经济时代,在高效的信息产品脱离了实物产品的制约后,人类的创造力与信息产品自身的经济性成为网络经济时代的核心架构。① 通过网络,个人能够轻易地同成百上千万人自由地交流与沟通,大家彼此间将产生对等的影响,可以轻松地达成各种分享与互动,从而产生各类新的信息化产品。这些产品都是没有所有权限制的,大家都可以共享,都可以加入进来并不断地加以完善。大家所有的行为动机都是自发的,不是受传统的市场化机制所支配的,人们可以随心所欲地做自己感兴趣的事情,不求任何经济上的回报,更多的是为了得到一种满足感与认同感,这是一种新型的馈赠经济,其中蕴藏着网络信息经济的重大的商机,如何在新的市场机制中把握先机,将是社会化媒体企业的创新根源与动力所在。

案例:Linux 的诞生

1991 年 8 月,来自芬兰的计算机系学生莱纳斯·托瓦茨在网络上发布了一个帖子,"我正在编写一个(免费的)操作

---

① Yochai Benkler,*The Wealth of Networks*,Yale University Press 2006,3—4.

第一章 社会化媒体概述

系统(只是业余爱好,没有那么专业,没有那么复杂)……我想知道大家最想要什么样的操作系统。"他给这个系统起了一个名字:Linux。他通过网络上发帖来寻求合作者,事后证明,此举意义重大,接下来的两年时间里,上千程序高手参与进来,帮助改进了 Linux 系统。《反代码》一书的作者格林·穆迪在书中描述道:"一个黑客的业余爱好最终衍生出了一个团体,随着 Linux 系统的日益完善,使用它的人也越来越多,更多的人加入进来为它排除程序上的瑕疵,Linux 的发展日益加快:这些品德高尚的人继续以令人眩晕的速度带动着 Linux 的发展。"如今,Linux 主宰着超级计算机、手机、个人电脑等各个领域,最终成为普及开放源代码项目软件的开山之祖。① 开源软件的布道者,埃里克·雷蒙德在其著作《大教堂与市集》中,对于 Linux 与微软的操作系统的研发做了非常形象的比喻,微软的研发就像"大教堂",等级森严、职责分明,而 Linux 的研发团体就像一个闹哄哄的大集市,"他们的做事方法十分另类,上千名遍布全球的研发人员一起工作,仅仅依赖看不见摸不着的网络取得联系……而那条理清晰而且稳定的系统只有在一系列奇迹发生时才会显露出来。"②

二、社会化媒体的分类

笔者通过研究发现,从早期的社会化媒体出现,到目前的发展状况,社会化媒体曾经出现过非常多样化的表现形式,有些形式随着移

---

① 〔美〕杰夫·豪:《众包》,中信出版社 2009 年版,第 28—31 页。
② Eric S. Raymon, *The Cathedral and the Bazaar*, O'Reilly, 1999.

动互联网的出现已经逐步遭到淘汰。笔者从商业模式的角度分析,综合目前主流社会化媒体的表现形式,将其分为以下几大类。

(一)社交网络(Social Networking Sites)

典型代表为 Facebook、Myspace,国内为人人网、QQ 空间等,其特点是允许大量的用户通过 e-mail 的形式邀请好友加入,在共同的平台上互动,分享各种照片、视频及动态的实时信息等。

(二)合作项目(Collaboration Projects)

典型代表为维基百科,国内为百度百科、新浪爱问、百度贴吧等,其特点是发动用户参与提问与回答,利用用户的参与,不断完善各类问题及概念,是一种典型的 Web2.0 表现形式。维基百科的出现,迫使发行了百年的大英百科全书退出了历史舞台。

(三)内容社区(Content Community)

典型代表为 YouTube、Flicker,国内为优酷、豆瓣等,特点是 UGC,即用户大量上传自己创作的各类视频、图片、音乐等,在分类的社区中与他人分享。

(四)博客及微博(Blog & Microblog)

典型代表为 Twitter,国内为新浪博客、新浪微博、腾讯微博等,由于移动互联网的快速发展,博客这一 Web2.0 时代的典型代表正逐渐让位于微博平台,其特点是广播式的传播方式,强调即时性,每个人都能够成为新闻的制造者,"自媒体"时代的典型代表。

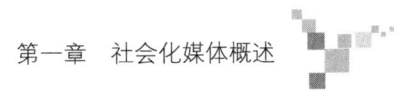

(五)微信

即时通讯与社交网络的交叉产物,腾讯公司的又一典型产品,利用用户手机中的通讯录来邀请朋友加入,同时兼具LBS功能,随手摇一摇即可知道周围有谁也在使用微信,并可以与对方互动,兼具QQ的即时性与社交网络的互动性与黏性,堪称社交网络的移动互联网版本。

第二章 国内外商业模式研究概况

第一节 商业模式研究的兴起

网络经济的出现宣布了工业时代的结束以及信息时代的到来,网络信息经济的主要特征是去中心化的个体行动,通过激进的分配方式开展各项协同合作行动以及不依赖所有权的非市场机制策略。[①] 作为新经济成功的关键所在,新技术的到来给传统的商业模式带来颠覆性的冲击与破坏,"创造性的毁灭"正不断上演,从创立百年的《大英百科全书》的湮没到微软运营多年的 MSN 业务的停摆;从 Google 历经十余年成为互联网行业的王者到 Facebook 用短短八年的时间成长为社交网络的霸主;时间不断在缩短,记录一再被刷新,这些企业崛起或倒下的奥秘何在?商业模式的研究将为我们揭示这背后的真谛!

当代管理学之父——彼得·F. 德鲁克指出"当今企业之间的竞争,不是产品的竞争,而是商业模式之间的竞争"。"商业模式(Business Model)"于 1957 年就在相关的论文当中被提及,并在 1960 年出

---

① Yochai Benkler, *The Wealth of Networks*, Yale University Press New Haven and London, 2006. 3.

现在论文的题目与摘要中,但是对其真正意义上的研究,最早可以追溯到20世纪80年代末期,加里·哈默尔和C. K.普拉哈拉德(Gary Hamel & C. K. Prahalad,1989)提出企业"战略意象"(Strategic Intent)的概念,其本质含义等同于商业模式,著名管理学大师彼得·F.德鲁克(1994)最早将其称为经营理论(Business Theory),加拿大著名管理学家亨利·明兹伯格(Mintzberg,1994)把企业组织的商业模式称为"战略思想"。进入20世纪90年代后期,随着以互联网为代表的创新型企业的涌现,基于互联网企业研究的商业模式概念不断涌现。"商业模式"一词的提出,最早可以追溯到20世纪50年代后期,随着管理学作为一门独立的学科,"商业模式"一词在早期的学术论文中有所述及,对于传统企业而言,竞争的核心在于不断降低成本,扩大市场份额。现实世界中的各类商业要素如产品、市场、技术、资源、人才、制度等是其长期关注的焦点。针对传统企业的运营,管理学提供了大量的研究与分析工具,如关注市场份额提升的波士顿顾问集团(Boston Consulting Group)的增长/份额矩阵(Growth/Share Matrix)和经验曲线(Experience Curve),强调产品质量管理与控制的W.爱德华兹·戴明(W. Edwards Deming)的全面质量管理(Total Quality Management,简称TQM),侧重企业内外综合对比的工具——肯尼斯·R.安德鲁斯(Kenneth R. Andrews)的SWOT矩阵,以及侧重企业赢利能力分析的迈克尔·波特(Michael Porter)的五力分析钻石模型、三种基本战略及价值链分析理论,加里·哈默尔和C. K.普拉哈拉德的核心竞争力(Core Competency)理论等,足以满足传统企业的日常运营与管理需要,因而,对于"商业模式"这一概念,关注甚少。

进入20世纪90年代,互联网企业亚马逊、雅虎的成功崛起,开启了新的网络经济时代,新的网络经济特点带来了全新的经营理念,一时之间,新经济的创业者凭借几页纸的商业计划书及具有吸引力的商业模式就可以轻松地引入几百万美金的投资,传统的各类商业要素统统在商业模式面前显得黯然失色,唯有标新立异的商业模式才可获得投资人的青睐,但是各种令人眼花缭乱的商业模式在造就了各类互联网泡沫时期的商业神话后,随着2000年底泡沫破灭而纷纷走向破产,人们不禁开始反思,究竟何种商业模式才能够真正体现新经济时代的商业价值?只有那些脚踏实地的公司才能够在互联网泡沫破灭后生存下来,它们具有哪些共同的特点?由此,国内外涌现出大批研究企业商业模式的学者,"商业模式"成为理论研究的热点。

第二节 商业模式的概念

迄今为止,中外管理学者对于商业模式各有不同的见解,称谓各不相同,有的人将其定义为商业运营模式、运营模式;有的人则认为商业模式就是竞争战略,就是对于原有战略的一种变革;也有的人认为是企业的核心竞争力;有的人从价值链的角度对商业模式进行解构;还有的试图用经济租金的理论来解释商业模式。对于互联网企业,很多人更加偏向于将其定义为赢利模式。

一、国外商业模式的定义

欧洲委员会中小企业电子商务部门负责人保罗·提姆斯(1998)从三个方面定义商业模式:(1)基于产品、服务和信息流整体架构,包括各种业务的参与者及其角色的描述。(2)对于各种业务参与者的潜在利益的描述。(3)对收入来源的描述。提姆斯进一步提出,商业模式本身无法阐明公司如何实现商业使命,评估商业的生存能力需要知道公司的营销策略,包括如何构建竞争优势,确定市场定位,确定营销

第二章 国内外商业模式研究概况

组合,制定产品营销策略。因此,在商业模式之外,提姆斯又提出了"营销模式(Marketing Models)"的概念帮助阐述商业模式。①

受其启发,哈佛大学助理教授亨利·切斯布鲁和理查德·罗森布鲁姆(Chesbrough & Rosenbloom,2002)从价值链的角度,发展出一套商业模式的认知结构。他们提出,商业模式是反映企业商业活动的价值创造(value creation)、价值提供(value offering)和价值分配(value distribution)等活动的一种架构。因此,商业模式应该具有6个功能:即(1)清晰地阐述价值主张,即说明基于技术的产品为用户所创造的价值。(2)确定市场区隔,即确定技术所对应的不同用户群体。(3)定义公司内部的价值链结构,来生产和经销产品。(4)在一定的价值主张和价值链结构下,评估生产产品的成本结构和利润潜力。(5)描述价值网中连接供应商和顾客的公司位置,包括潜在进入者和竞争者。(6)制定竞争策略,创新性的公司将通过此策略获得和保持竞争优势。②

美国管理学家加里·哈默尔从创新及竞争战略的角度阐述了商业模式的概念(Hamel,2003)。他认为,为了创造新市场和财富,管理者需要首先考虑整个商业理念层面的创新。商业理念或商业模式是一个框架,用来确立如何创建商业架构、将产品及服务传递给客户并最终获取价值回报。先行者们不是小幅度调整已有的商业模式,他们通常彻底地反思传统的商业模式,并以非常规的方式创造出全新的模

---

① Paul Timmers,"Business Models for Electronic Markets",*Commerce Net Research Note*,1998 98—21.
② Henry Chesbrough and Richard S. Rosenbloom,"The Role of the Business Model in Capturing Value from Innovation:Evidence from Xerox Corporation's Technology Spin—off Companies",*Industrial and Corporate Change*,2002,11(3):529—555.

式。① 哈默尔进一步研究认为,商业模式应分为四大要素:(1)核心战略(core strategy),包括商业使命(business mission)、产品及市场区间(product/market scope)和差异化原则(basis for differentiation);(2)战略资源(strategic resources),包括核心竞争力(core competencies)、战略资产(strategic assets)和核心流程(core processes);(3)顾客界面(customer interface),包括履行与支持(fulfillment and support)、信息与洞察力(information and insight)、动态关系(relationship dynamics)和价格结构(pricing structure);(4)价值网络(value network),包括供应商(suppliers)、合作伙伴(partners)和行业同盟(coalitions)。在四大要素间,由于配合的差异,可以产生三种连接:(1)连接核心战略与战略性资源的配置方式(configuration);(2)构成核心战略与顾客界面之间桥梁的顾客利益(customer benefits);(3)构成公司的战略性资源与价值网络之间的公司疆界(company boundaries),这些连接重点就是公司如何赚得应有的利润。②

美国密歇根大学商学院公司战略学助理教授阿兰·阿福亚哈强调从企业核心竞争力的角度阐述商业模式的概念(Allan Afuah,2003),他在进一步的研究中指出,商业模式是指企业在既定的行业中,以为客户创造卓越的价值为目的,通过运用其核心资源,把握正确的时机,开展核心行动,并最终使企业获得利润回报的全过程。③

美国管理学家迈克尔·汉默更加侧重从企业内部的创新角度来解释商业模式的本质(Hammer,2004)。他主张将商业模式创新称为

---

① Gary Hamel,"Innovation as a Deep Capability",*Leader to Leader*,January 2003,27(Winter):19—24.
② Gary Hamel,*Leading the Revolution:How to Thrive in Turbulent Times by Making Innovation a Way of Life*,Boston,Massachusetts:Harvard Business School Press,2000.
③ Allan Afuah,*Business Models:A Strategic Management Approach*,Boston,Massachusetts:McGraw-Hill,2003.

"运营创新"(Operational Innovation),并认为这是企业组织的深层变革。汉默强调,运营创新可能很陌生或者缺乏魅力,但它却是实现卓越业绩的唯一持久基础。它不同于运营改良和运营优化,运营创新意味着要用全新的方法来完成任务,开发产品,提供客户服务,或者完成企业运作的其他活动。在当今以客户为中心的市场经济的运营机制下,只有充分理解运营创新如何产生,以及理解运营创新的障碍来自何处,经理人才能娴熟地运用这一利器,使企业在竞争中遥遥领先,并始终保持领先优势。①

二、国内商业模式的定义

国内对于商业模式的研究相对较晚,理论与深度方面跟国外同行相比尚有一定的差距,近年来的主要研究成果有国内学者方孜与王刊良(2002)在《西安交通大学学报》发表的题为《电子商务模式分析与方法创新》的文章,提出了基于产品、定价、渠道促销、顾客定位、商流、信息流、资金流、物流(5P4F)的电子商务模式的分析方法及创新方法。

埃森哲咨询公司研究者王波和彭亚利 2002 年 7 月 1 日发表在《经济观察报》的《何谓商业模式?》从企业运营及整体战略的角度提出了运营性及战略性商业模式的概念,将商业模式总结为三种不同的表述:第一,将商业模式的组成部分理解为商业模式本身。譬如收入模式(广告收入/注册费/服务费),向客户提供的价值(在价格上竞争/在质量上竞争),组织架构(自成体系的业务单元/整合的网络能力),交

---

① Michael Hammer, "Deep Change: How Operational Innovation Can Transform Your Company", *Harvard Business Review*, April 2004,82(4):85—93. (HBR On Point Enhanced Edition).

易流程(拍卖/反向拍卖)等,他们认为这是对于商业模式的片面描述,应当加以剔除。第二,确保企业赢利的运营机制,在这种情况下,商业模式的组成部分中只有与这些独特的能力与手段相关的才被纳入企业的运营模式。他们将其命名为运营性商业模式(Operating Business Model)。第三,在运营机制基础上的进一步扩展与利用,指一个企业在动态的环境中怎样改变自身以达到持续赢利的目的,他们称之为战略性商业模式(Strategic Business Model)。运营性商业模式创造企业的核心优势、能力、关系和知识;而战略性商业模式对其进行扩展和利用,二者是递进关系。

西南财经大学罗珉教授在其 2003 年出版的专著《组织管理学》中,基于管理学大师彼得·F. 德鲁克(1994)的公司经营理论(Business Theory)的研究路线,为商业模式概念做了以下定义:企业的商业模式是指一个企业建立以及运作的那些基础假设条件和经营行为手段和措施。这包括了营利性组织和非营利性组织的商业模式。罗教授还提出了形成商业模式的两个必要条件:(1)企业的商业模式必须是一个由各种要素组成的整体,必须是一个结构,而不仅仅是一个单一的因素;(2)企业商业模式的组成部分之间必须有内在联系,这个内在联系把各组成部分有机地串联起来,使它们互相支持,共同作用,形成一个良性的循环。①

厦门大学管理学院翁君奕教授在 2004 年出版的《商务模式创新》一书中,基于结构维度的思路对于商业模式进行了多角度的分析。他将商务模式界定为由价值主张、价值支撑、价值保持共同构成的一个类似"魔方"的三维空间,提出研究企业具体职能活动的整合与协同的介观商务模式的新概念。

---

① 罗珉:《组织管理学》,西南财经大学出版社 2003 年版。

中国社科院的原磊(2007)认为,商业模式从本质上讲是企业的价值创造逻辑,并以此为基础,运用商业模式构成要素的观点,提出了商业模式的"3—4—8"构成体系。其中"3"代表联系界面,包括顾客价值、伙伴价值、企业价值;"4"代表构成单元,包括价值主张、价值网络、价值维护、价值实现;"8"代表组成因素,包括目标顾客、价值内容、网络形态、业务定位、伙伴关系、隔绝机制、收入模式、成本管理。其构成体系实质是一种从"远—中—近"三个层次对商业模式进行全面考察的立体架构。①

第三节 国内外商业模式研究方法分类

目前,国内外基于商业模式的研究方法与路径众多,各种文献资料层出不穷,笔者通过对国内外商业模式研究资料的梳理,大体将其分为以下五大类别。

一、早期宽泛笼统的分类研究

保罗·巴姆布里(Paul Bambury,1998)提出基于新旧经济中已有商业模式的差异性,将互联网中的商业模式分为两大类型:从真实世界转化过来的商业模式(Transplanted Real World Business Model),简称转化模式,以及从互联网中直接产生的商业模式(Native Internet Business Model),简称天赋模式。转化模式指在真实世界中原本就存在的商业模式,在网络出现后被应用于互联网环境中的商业模式;天赋模式指在过去的现实环境中从未出现过,只存在于互联网环境下的

---

① 原磊:《商业模式体系重构》,《中国工业经济》2007年第6期。

商业模式。① 德赖斯巴赫(2000)提出了基于企业提供的产物(offering)进行分类的模式,在此基础上,他将企业的产品粗分为产品、服务与信息三大类,因而将互联网上企业的商业模式归为基于产品销售的商业模式、基于服务提供的商业模式以及基于信息交付的商业模式三大类。② 该分类方法由于过于笼统,缺乏进一步的细分,已经逐步被淘汰掉。

二、基于企业价值链角度的研究

此类方法以欧洲委员会中小企业电子商务部门负责人保罗·提姆斯(1998)为代表,后人在此基础上不断加以完善,成为国内外主流的商业模式分类方法。国内主要的学者以高闯为代表。提姆斯(1998)基于迈克尔·波特的价值链体系,提出了新的商业模式分类方法,即按照价值链解构、建立交互模式原型、价值链重构三个步骤将商业模式的各个要素进行分解与组合,从而形成新的商业模式。他从价值链及交互模式的角度对互联网企业的商务模式进行了全方位的阐述,在此基础上创建了新的商业模式构建体系。他对后来的学者研究商业模式的创新产生了重要的影响。哈佛大学助理教授亨利·切斯布鲁和理查德·罗森布鲁姆(Chesbrough & Rosenbloom,2002)在此基础上提出商业模式的认知结构体系。他们认为,商业模式是反映企业商业活动的价值创造、价值提供和价值分配等活动的一种架构。因此,商业模式应该具有六个功能:(1)清晰地说明价值主张,即说明基于技术的产品为用户创造的价值。(2)确定市场分割,即确定技术针

---

① Paul Bambury,"A Taxonomy of Internet Commerce",*First Monday*,1998,10(2):1—11.
② C Dreisbach,and S Writer,"Pick A Web Business Model that Works for You",http://www.workz.coin,2000.

对的用户群。(3)定义公司内部的价值链结构,来生产和经销产品。(4)在一定的价值主张和价值链结构下,评估生产产品的成本结构和利润潜力。(5)描述价值网中连接供应商和顾客的公司位置,包括潜在进入者和竞争者。(6)制定竞争策略,创新性的公司将通过此策略获得和保持竞争优势。① 国内学者高闯等(2006)在提姆斯研究的基础上从价值链创新理论的角度来解释企业商业模式的创新及实现。他们运用价值创新理论阐述了商业模式创新的实现方式,认为企业商业模式是通过对企业全部价值活动进行优化选择,并对某些核心价值活动进行创新,然后重新排列、优化组合而成。按照企业商业模式的形成方式,将商业模式划分为价值链延展、价值链分拆、价值链创新、价值链延展与分拆结合、混合创新五种类型。

三、基于企业价值实现的研究

代表者为美国北卡罗来纳州立大学教授迈克尔·拉帕。拉帕认为,商业模式就其最基本的意义而言,是指做生意的方法,是一个公司赖以生存的模式——一种能够为企业带来收益的模式。商业模式决定了公司在价值链中的位置,并指导其如何赚钱。拉帕在此基础上,归纳出经纪、广告、信息中介、生产商直销、网上批发、网上分销、网络社区、网络订阅、网络定制化九大类基于互联网的创新商业模式,并在每一大类下细分出2—8个子模式,可谓分类最细的商业模式研究。② 目前,拉帕的商业模式分类方法在国外的被引用率非常高,主要在于

---

① Henry Chesbrough and Richard S. Rosenbloom,"The Role of the Business Model in Capturing Value from Innovation: Evidence from Xerox Corporation's Technology Spin-off Companies",*Industrial and Corporate Change*,2002,11(3):529—555.
② Michael Rappa,"Managing the Digital Enterprise—Business Models on the Web",http://digitalenterprise.org/models/models.html.

其实用性较强,可以被企业方便地用来指导实践。国内从事此类研究的代表学者为西南财经大学的罗珉教授(2005),他从租金理论的角度解释商业模式的创新,认为企业中存在着一种特别的经济租金,可以称为"L租金",它是由企业及其员工系统地运用知识创造新知识的能力或能力要素所获得的一种经济租金,具有不可模仿、不易转移和集中在特定领域的特征。当然,可以这样说,"L租金"是对"彭罗斯租金"和"熊彼特租金"的进一步发掘,它说明企业是知识的集合体,知识决定了企业的竞争力和效率。企业由于资源及能力的差异,其战略的设计、制定与选择和商业模式的创新是企业获取经济租金的一种手段,追求经济租金是其商业模式创新的核心所在。[1]

四、基于企业的商业构成的基本元素划分

代表人物为国外的维欧与中国的方孜与王刊良。维欧(Weill, 2001)提出了基于"原子商业模式"的商业模式分类方法,通过对互联网各类商业模式的分析,维欧提出了八种最基本的互联网商业模式:内容提供、产品直销、一站式服务、中介、基础运营共享、价值网络的整合、虚拟社区、以点带面等,并将其定义为"原子模式"。他进一步指出,各原子商业模式之间的交互作用各不相同,随着技术的更新及内外环境的变化,不同的原子组合将产生不同的作用结果,有的会整合成强大的商业模式,有的则互相排斥,互不兼容,最终通过这八种原始商业模式的分化组合来定义不同的新型互联网商业模式。[2] 国内学者方孜与王刊良(2002,2003)沿用国外学者维欧(2001)提出的"原子商

---

[1] 罗珉、曾涛、周思伟:《企业商业模式创新:基于租金理论的解释》,《中国工业经济》2005年第7期。
[2] Weill P, Vitale M R. *Place to Space: Migrating to E-business Models*, Harvard Business School Press, 2001 351—359.

业模式"的概念,在对电子商务商业模式的多种属性进行大量研究的基础上,提出了 5P4F 的商业模式分析方法,并描述了基于 5P4F 的企业商业模式创新方法:元素属性创建及模式组合创新。认为可依照元素及属性对商业模式进行归类,将不同的商业模式元素进行融合与渗透,从而使不同的模式之间优势互补,形成创新商业模式。该种分类模式偏重于企业内部的商业模式要素挖掘,对于影响企业发展的外部环境因素考虑不够全面,尤其对于强调用户参与的社会化媒体新兴企业,具有相当大的局限性。

五、一体化的商业模式

主要从企业内部及外部的各项经营要素出发,通过对于经营要素的挖掘与阐释,对各个经营要素之间的组合形态进行深入分析,从而搭建一套立体的商业模式综合架构。国外的代表学者为奥斯特沃德与佩格纳(Osterwalder & Pigneur),国内主要为翁君奕与原磊。奥斯特沃德(2010)从价值主张、客户关系、交流渠道、客户划分、核心资源、关键行动、成本优化、收入源泉九个要素对商业模式进行全方位的阐述,并在此基础上形成了一个商业模式的基本架构模板——商业模式画布(Business Model Canvas),并在此基础上进一步总结了分类交易模式、长尾模式、免费模式、多边平台模式、开放模式共计五大类商业模式的类型,同时对于企业创新商业模式的具体方法与步骤进行了进一步的挖掘,从要素、范式、规划、策略、实施五大方面对商业模式进行了立体的构建,使企业能够找到一种商业模式创新与实施的具体指导方法。① 国内近年来研究一体化商业模式的学者也涌现出很多,翁君

---

① Alexander Osterwalder & Yves Pigneur. *Business Model Generation*, John Wiley & Sons,Inc,2010.

奕(2003)在结构及维度的研究基础上提出研究企业具体职能活动的整合和协同的商务模式概念,并将其划分为客户界面、内部构造及伙伴界面等核心界面要素形态的不同组合。并进一步指出,商业模式的创新即将商业模式的核心界面要素的各种组合形态作为对象进行分析,研究各核心界面要素与商业模式的组成形态之间的相互关联及不同的组合效应。[①] 中国社科院的原磊(2007)基于价值创造的逻辑,提出了商业模式的"3—4—8"构成体系,其中"3"表示联系层,包含顾客价值、伙伴价值、企业价值;"4"表示构成单元,包含价值主张、价值网络、价值维护、价值实现;"8"表示组成因素,包含目标顾客、价值内容、网络形态、业务定位、伙伴关系、隔绝机制、收入模式、成本管理。同时引入内外环境因素,从内在要素、外在要素及内外混合的角度将其分为12种模式。[②] 一体化商业模式是目前对于商业模式研究较为全面的一种方式,但仍是完全基于企业的立场对商业模式进行研究,由于面向所有的企业类型,整体模型显得较为复杂,对于新近出现的社会化媒体所强调的用户与企业之间的交互性与对等性的关注还稍嫌不足。

通过对比国内外商业模式的研究,笔者发现,目前国内外的商业模式研究主要包含以下几个层面:首先,企业作为社会组织的一部分,是因为创造顾客而存在的,因此,商业模式的开始就源于如何创造顾客需要的价值这一基本使命;其次,为了使客户需要的价值最终传递到客户手中,需要进行系统化的管理,从而使价值构建得以形成,即形成最终的产品及服务;最后,将产品及服务通过某种渠道传递到用户手中,并取得相应的回报,最终实现价值即获得利润。此外,它还受到

---

① 翁君奕:《商务模式创新》,经济管理出版社2004年版。
② 原磊:《商业模式体系重构》,《中国工业经济》2007年第6期。

各种内外环境因素的影响与制约,并不断变化,它是一个动态的均衡过程。因此,创新是商业模式必不可少的关键因素。笔者综合上述各项元素,对商业模式的概念定义如下:商业模式是指企业围绕自己的价值主张所进行的价值构建,是通过特定的通道将价值主张传递给客户并最终实现价值体现的行动集合,它在内外各项创新因素的推动下,不断变化并产生新的动态均衡。

第三章 社会化媒体商业模式构建

第一节 社会化媒体企业商业模式的构建意义

根据 CNNIC 中国互联网信息中心 2012 年 7 月发布的《2012 年中国互联网络发展状况统计报告》显示,截至 2012 年 6 月底,中国互联网发展迅速,网民数量达到 5.38 亿人,普及率达到 39.9%,其中,通过手机上网的人数达到 3.88 亿人,超过台式电脑的 3.8 亿人,成为上网的第一大终端。网络广告市场规模持续高速增长,2011 年高达 344 亿元人民币,并有望在 2012 年超越报纸成为仅次于电视广告的第二大广告市场。此外,网络视频用户强劲增长,其中使用手机看视频的人数超过 1 亿人,微博用户大幅增加,手机端用户超过 1.7 亿人。由此可见,互联网媒体已经作为媒体的第二梯队,迅速成为仅次于电视的第二强势媒体。而其中,以手机作为浏览终端的新媒体,已经成长为未来互联网发展的主流媒体企业。因此对于社会化媒体企业商业模式的研究,必将在经济层面与社会层面为未来中国文化产业的振兴与发展,提供宝贵的参考意见。

一、经济意义

(一)创新研究的实践

著名的奥地利经济学家熊彼特是最早关注"创新"的经济学家,他提出了"创造性的破坏"是促使经济发展的原动力,他在早期著作《经济发展理论》一书中写道:"经济系统中的创新,通常是生产者发起经济的变化,消费者只是在必要的时候受到生产者的启发;消费者好像是被告知去需求新的东西,或者在某一方面不同于,甚至完全不同于他们已经习惯使用的东西。"他又进一步将经济系统中的创新总结为以下五种情况:

(1)引进一种新的产品,即消费者尚未熟悉的产品或一种产品产生某种新的特性;

(2)采用一种新的生产方法,即当前有关制造部门尚未通过经验验证的方法;

(3)打开一个新的市场,即所研究国家的某个制造部门从未进入过的市场,不管这个市场以前是否存在;

(4)征服或者控制原材料或半制成品的某种新的供给来源;

(5)任何一种工业建立新的组织,如造成一种垄断或打破一种垄断。①

社会化媒体企业作为数字化经济的代表,其出现本身就是一种集体创新的表现,完全符合熊彼特对于经济发展中的"创新"理论的论述。它的出现,开始仅是一小撮技术天才的突发奇想,如 Facebook 的

---

① 〔美〕约瑟夫·阿洛伊斯·熊彼特:《经济发展理论——对利润、资本、信贷、利息和经济周期的探究》,中国社会科学出版社 2009 年版,第 84 页。

产生源于其创始人方便新生交友的需要、YouTube 源于其创始人希望将聚会的视频内容与大家分享、Pinterest 开设的初衷只是为了方便其创始人为夫人比较网上各类商家的订婚戒指的图片。创始人将创意变为一个不太成熟的产品或服务放在网上,发现有大量的用户拥有同样的需求,随着用户不断去尝试并提出修改意见,使其日趋完善,这正是熊彼特所提到的,即消费者受到生产者的启发,并开始尝试新的产品,从而产生消费的需求。但是,与传统企业显著不同的是,社会化媒体企业的用户不是被动地在使用产品与服务,而是主动地参与到产品与服务的制作流程中去,用户在使用的过程中,自发地形成互动,开始享受其所带来的便利性并不断拓展新的需求。如此周而复始,一个个社会化媒体企业迅速出现。社会化媒体企业从本质上而言,是一个生产工具的制造者,它为用户提供了一个公开交流互动的平台工具,用户是内容的最终提供者与分享者。

(二)为投资者提供相应的分析与估值工具

通过对社会化媒体企业商业模式的研究,可以为致力于社会化媒体企业战略投资的相关机构与个人提供一套切实可行的分析工具与方法,使其能够对社会化媒体企业发展的关键指标进行有效的评估,把握社会化媒体企业发展的规律与价值。

二、社会意义

(一)有助于国家制定相关的产业政策

研究社会化媒体企业商业模式,可以为国家制定相应的创新产业政策提供分析工具与衡量指标,使国家能够迅速地了解社会化媒体企业的产业结构、发展方向及赢利模式,为国家出台相关的鼓励性政策提供相应的参考;从而促进相关政策法规的制定,为社会化媒体企业的发展提供更好的成长环境。

(二)有助指导社会化媒体企业的发展方向

架构社会化媒体企业商业模式,可以帮助各个社会化媒体企业跳出以自我为中心的狭隘经营意识,将自己的企业纳入到整个社会生态系统中来定位,并结合自身的特点与优势,从创造顾客认可的价值效用的角度出发,重新审视自己的价值主张,从全局的角度考量企业的发展方向,制定相应的发展规划,从而取得竞争中的优势地位。

第二节 3V2E 社会化媒体商业模式构建

对比中外各类商业模式的定义,笔者认为商业模式就其本质而言是企业围绕着"创造客户"所进行的一系列价值创新过程。为此,笔者对社会化媒体企业进行了全方位的研究与高度概括,借鉴了国内外大量有关商业模式要素研究的论点,提出了专门针对社会化媒体企业的3V2E 研究体系。其中3V 代表价值主张、价值构建及价值体现三大板块,内含价值诉求、用户参与、用户管理、市场定位、资源配置、核心行动、管理团队、赢利模式、成本控制九大要素;2E 代表内部环境与外部环境两大促成创新的因素,内含当代管理学之父彼得·F.德鲁克提出的意外现象、不一致、程序需要、产业与市场结构、人口统计资料、认知的改变及新知识七大创新动因,从而从创新的角度深度挖掘社会化媒体企业商业模式背后的驱动因素,并对其未来的发展进行有效的评估。

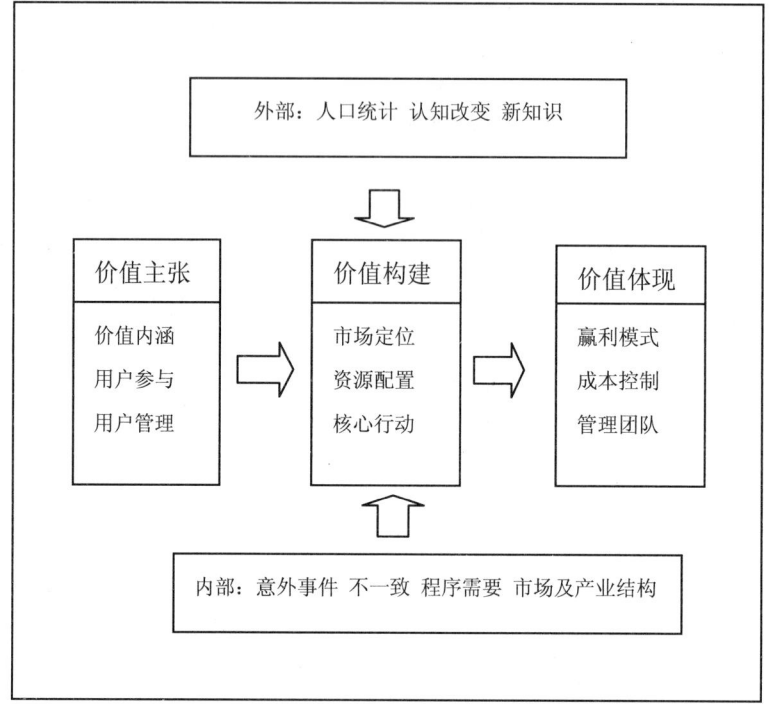

图 3.1　3V2E 社会化媒体商业模式研究架构图

一、3V 构成板块

(一)价值主张

要想理解企业的价值主张,首先要明白企业存在的目的。当代管理学大师彼得·F.德鲁克指出:"企业的目的应该从企业本身以外的角度来看,也就是从社会的角度来看,因为企业是社会的一个组织。企业的目的只有一个正当的定义:创造顾客。"他进一步指出:"顾客是企业行动创造出来的。企业想生产什么并不是最重要的——尤其不是决定企业成功的最重要的因素,重要的是顾客想要什么、需要什么。

第三章 社会化媒体商业模式构建

顾客想购买什么以及对价值的认定,才是真正决定企业内容、企业生产什么及企业能否繁荣的因素。顾客购买和认定的价值并不是产品本身,而是效用,也就是产品和服务为他带来了什么。"德鲁克30年前的定义为我们揭示了企业价值主张的真谛,即是否能够为客户带来效用。这是企业之所以作为一个社会组织存在的根本原因所在,因此,价值主张决定了企业能否生存并发展的根基所在。

价值主张包含企业确立自身价值并满足用户需求的双重意义。切斯布鲁(Chesbrough,2003)认为,价值主张指提供技术上的价值给予顾客,而企业须先定义公司要提供何种商品及顾客如何使用产品。所谓的价值可借由两个很简单的问题来回答:其一,顾客会用产品来解决什么样的问题?其二,这些问题对于顾客造成了多大的影响?问题对于顾客的影响程度,与公司为顾客创造的价值有很大的关系。[①]

目标明确、概念清晰的价值主张是决定企业商业模式类型的出发点,哈默尔(Hamel,2000)认为,价值主张实际是提供给顾客的特定利益组合,也就是指企业提供哪些利益给顾客。企业借由经营使命提出战略的整体目标:企业的商业模式是要用来完成何种目标?或提供何种产品给市场?[②] 它是企业运用各类商业要素构建独特商业模式的目标所在,只有确立明确的价值主张,企业才能够据此进行一系列的创新互动并最终形成新的商业模式。如 Facebook 的价值主张是做出整个人类的索引,创造出任何两个个体之间直接联系的途径。[③] 基于上述对于价值主张的各类定义,笔者认为它至少包含两个层面的含义:第一个层面是企业层面,它如何定位自己的产品及服务;第二个层面

[①] Henry Chesbrough,"A Better Way to Innovate",*Harvard Business Review*,2003,(7).
[②] Gary Hamel. *Leading the Revolution:How to Thrive in Turbulent Times by Making Innovation a Way of Life*,Boston,Massachusetts. Harvard Business School Press,2000.
[③] 〔美〕大卫·柯克帕特里克:《Facebook 效应》,华文出版社2010年版,第275页。

是顾客层面,即顾客是否认可企业所提供产品及服务的效应。为此,笔者结合社会化媒体企业自身的用户参与性的特点,提出了社会化媒体企业价值主张的三个主要构成元素,即价值内涵、用户参与和用户管理。

1. 价值内涵

指企业如何定位自己的产品或服务来满足顾客的价值需求。其核心包括满足顾客的价值与为顾客创造价值两个层面,后者对企业的创新提出更高的要求。只有通过对价值内涵的定义,企业才能回答一个最基本的问题"我们的业务是什么?"通过对价值内涵的进一步定义才能回答:"我们的业务将是什么?"以及"我们的业务应该是什么?"这三个最为重要的管理学问题。如Facebook的价值内涵是做出整个人类的索引,创造出任何两个个体之间直接联系的途径。社会化媒体企业价值内涵通常包括以下几方面的内容:

(1) 个性化

这是基于Web2.0概念的显著体现,每个用户都可以拥有自己的社会化媒体账号,如QQ号码、微博签名等,并以此为基础创立自己的个性化空间及关系网络。各个社会化媒体企业往往据此设计出很多功能性的软件为用户提供增值服务。

(2) 社区化

用户可以根据不同群组的标签来选择自己需要加入的社区,同时用户所显现的兴趣、价值观及爱好又将被推荐加入不同的社区。在社区中,大家拥有共同的兴趣及爱好,可以产生深层次的交流与互动。Facebook的群组功能及新浪微博的主题分类均是其中的代表。

(3) 差异化

目前,在社会化媒体企业中,同类的商业模式非常多,尤其是在国内,大部分是直接复制国外的商业模式,要想取得成功,必须进行差异化的革新,提供新的用户价值,如此才能够在竞争中取得优势。

(4)易用性

社会化媒体企业如何提供更加便捷、快速的交流方式将是能否吸引到大批用户的关键,一个产品的迅速流行,本质在于其简洁的操作界面以及良好的用户体验。

(5)透明性

这是社会化媒体企业的显著价值内涵,它的所有的内容都是公开、透明的,都是由任意用户产生,并允许所有人共享的,透明性是社会化媒体颠覆传统传播方式的主要特点。

(6)自治性

社会化媒体并不主动包揽所有的应用功能,它仅提供基本的平台功能与开放式的接口,用户可以自发地组织自己的社区,发起自己的议题,自己讨论相应领域的各项规则及限定。

2.用户参与

在社会化媒体企业中,用户已经不再是简单的消费者,而是与企业价值内涵息息相关的深度参与者,他们在享用企业产品服务的同时也在参与企业产品与服务的改进与创新,他们的参与程度直接决定了企业价值内涵的制定、变迁与传递,随时影响着企业的核心行动的实施。用户参与具体包括以下几方面。

(1)UGC(用户生产内容)

社会化媒体企业往往提供一个公共的平台,供用户去交流、互动,具体的内容由用户制作,用户制作的内容又影响了其他用户的参与及交流程度。如YouTube及微博就是典型的用户制作模式。

(2)用户协作

多个用户共同参与解决一个问题或者概念的定义,并不断有人参与更新并完善,如开源操作系统 Linux、维基百科、百度词条及新浪爱问等。

(3)用户(线上到线下)互动

用户就某项共同感兴趣的事情进行讨论,并生成各项具体行动,如"快闪族"新浪微博所引发的"打拐"及"爱心午餐"行动等。

3.用户管理

在社会化媒体企业中,由于存在大量的用户参与与互动,因此必须对用户实施有效的管理,如隐私保护、个性化设置、个人空间管理、沟通机制等,确保用户能够安全、流畅地进行沟通与交流。具体包含以下内容。

(1)云存储

具体包括用户的各项基本资料,交流内容记录、保存,各类文件、图片的存储,个人空间的设置等,都保存在社会化媒体企业的服务器中。

(2)云计算

通过大数据管理机制,对用户的海量资料进行分析、整理、归类,针对不同类型的用户需求进行数据挖掘,寻找用户的行为规律及兴趣偏好,为商家提供相应的调查报告。

(3)安全设置

主要针对用户的个人资料采取严密的安全保护措施,防止用户的个人账户密码丢失或被黑客入侵,确保用户的个人隐私受到保护与尊重。采取公开、透明的管理原则,与用户进行实时的沟通与交流,根据用户的需求采取各类隐私保护策略,避免引起用户的反感,如 Facebook 早期的"灯塔"功能的设定引起用户的不满,最后通过与用户的沟通取消强制发布消息的功能,改为由用户自行设定是否发送。

(二)价值构建

哈默尔(Hamel,2000)认为,组织设计是确定一家公司的战略性资源与价值网络之间的界线,这就定义了哪些事情由公司自己做,哪些事情予以外包。①

哈默尔的这句话,实际上明确指出了企业价值构建的实质,即企业以实现价值主张为目的,通过独特的市场定位、有效资源的配置以及有针对性的核心行动等一系列组织设计工作,构建出一套独特的价值传递体系,从而使价值内涵通过这一体系有效地传递到用户中去,并与用户形成互动。通过一系列的价值构建活动,企业明确了自己的竞争优势,确立了自己在价值链中的市场定位,有效地进行了资源的配置工作,并为进一步达到价值主张展开一系列的核心行动。因此,笔者定义社会化媒体企业的价值构建具体包含市场定位、资源配置及核心行动三个商业要素。

1. 市场定位

包含企业为实现价值内涵在整个社会化媒体产业链中的定位及与合作伙伴的关系设立两个层面,是社会化媒体企业构建商业模式的关键要素。只有确立正确的市场定位,才能避免不必要的恶性竞争。具体包含以下方面的内容:

(1)产业链价值定位

根据价值内涵的阐述,社会化媒体企业需要对自己在市场中的位

---

① Gary Hamel, *Leading the Revolution: How to Thrive in Turbulent Times by Making Innovation a Way of Life*, Boston, Massachusetts: Harvard Business School Press, 2000.

置进行精准的定位,如一体化的服务,像QQ那样,从沟通平台到购物、娱乐、游戏,无所不含;YouTube则将自己定义为视频门户。

(2)确立合作伙伴关系

定义了市场位置,企业就可以根据自己在市场中的定位来建立上下游的合作伙伴关系,如豆瓣为亚马逊提供流量,美丽说为淘宝网提供流量及广告,从而形成共赢局面。

2. 资源配置

哈默尔(Hamel,2000)认为,资源配置需要企业决定以下方面:其一是企业的核心能力;其二是企业的战略性资产,包含品牌、专利权、基础设施、专利标准、顾客资料,及其他稀少、有价值的东西,以及用新奇的方式运用战略资产可以创造出的经营观念创新等;其三是企业的核心流程。总之,一家公司应以独特的方法结合能力、资产与流程,来支持其特定的战略。对于社会化媒体企业而言,具体包括品牌推广、IT服务基础架构、相关软件的开发设计、相关支持设施的建立等。

(1)品牌

社会化媒体企业本身就是媒体,因此,品牌的建立与推广必不可少。只有拥有足够的品牌知名度与美誉度,才能吸引更多的用户使用这种媒体工具,从而产生大量的内容与流量,最终为企业带来收益。因此,品牌的推广与建设是社会化媒体企业立足的关键。具体的推广方式包括大众媒体的广告以及利用新媒体自身的特性进行"病毒传播"等综合手段。

(2)IT基础平台构建

IT基础平台构建包括社会化媒体平台基础软件的开发、设计及运营工作。从本质而言,社会化媒体企业的产品是一种平台性质的工具,主要为用户提供公共交流与分析的网上虚拟空间,因此,工具的便利性与易用性直接决定了其用户的数量规模,是社会化媒体企业的核心竞争力。它是社会化媒体企业商业模式构建中技术创新的关键点,它的设计优劣直接关系到商业模式的成败。它具体包含前端的应用开发、后台的数据库设计、用户的反馈与处理机制等几个方面的内容。

(3)实体资源配置

指社会化媒体企业为了达到价值主张所进行的增强企业核心竞争能力的各项实物资产的配备与管理工作,具体包括办公条件、工作设备、固定资产的管理、资金管理、研发投入、后勤及物流支持等。

(4)知识产权管理

社会化媒体企业作为数字化经济的典型代表,其所有的产品均属知识产权所辖范围之内,其核心竞争力来自依赖其相关技术的产品研发工作,因此对于知识产权的管理必不可少。具体包含核心产品及服务的知识产权认证保护与各项管理工作。

(5)人力资源管理

社会化媒体企业作为知识型企业的杰出典范,其核心竞争力依赖于优秀的管理与技术人才,人才是社会化媒体企业的核心资源。由于知识型工作者的独特价值,员工的流动性非常高,其行动与约束很难用传统企业的管理办法进行复制,因此,如何针对企业的需求,招聘相应的人才,提供有竞争力的薪酬保障体系,并合理地分配各项任务,设计具有吸引力的奖励机制,从而吸引并留住人才,将是社会化媒体企业成功的关键。

3. 核心行动

指社会化媒体企业为了实现价值内涵所需要采取的关键行动步骤,具体包括配合用户需求及价值创造的各项创新性的功能开发与设计、相关的市场推广与用户互动交流等。

(1)新产品的研发

根据市场需求研发各类新型的产品与服务,满足用户的需求,引导用户的消费,并将此过程不断持续下去。

(2)用户问题的解决

针对前段用户管理及用户参与中所反映出来的问题及建议做出迅速反馈与行动,随时修正出现的问题,并提供更好的替换方案,分析问题背后的实质,随时把握各种创新的机遇。

(3)打造沟通平台

社会化媒体企业的本质就是提供一种互动的沟通平台产品,因此必须采取平台的策略,不断地保持开放性与透明性的特征,吸引大批的用户及商家进驻交流,从而创造新的赢利机会。

(三)价值体现

哈默尔(Hamel,2000)认为,商业模式除了描述公司的战略、顾客界面、资源、价值链及其互相连接之外,还有一个重点,就是公司如何赚得应有的利润。[①] 据此,笔者在构建社会化媒体企业的商业模式研究架构中,将价值体现放在最后一环。阿福亚哈(Afuah,2003)认为,为顾客创造价值不代表公司就能够获利,利润要与供应商、顾客、竞争者、替代品、互补品之间相互拔河才能决定其归属。而决定公司的利润还需要考虑以下几项因素,例如专用性资源、资源稀少性、资源替代性、资源可模仿性、能力不可捉摸性、网络外部性、时间困难性、运用战略对抗模仿、整合关联资源,等等。在考虑利润的同时需要注意成本,

---

① Gary Hamel, *Leading the Revolution: How to Thrive in Turbulent Times by Making Innovation a Way of Life*, Boston, Massachusetts: Harvard Business School Press, 2000.

第三章 社会化媒体商业模式构建

利润是指收益与成本之间的差额,能降低成本即表示利润可进一步提升。[1] 从阿福亚赫的研究中可以看出,企业的价值主张最终必须通过货币化的形式得到印证,这也是商业模式成败的最终判断标准,只有最终实现了赢利的商业模式才可以称为成功的商业模式。斯特纳 (Stahler,2002)则认为,当企业商业模式的价值定位与价值结构完成时,同时也决定了企业的成本结构,收入价值是描写企业如何得到收益。[2] 据此,笔者结合社会化媒体企业的自身特点提出了"价值体现"这一终极模块的设计,具体包含三个关键要素——赢利模式、成本控制及管理团队。

1. 赢利模式

企业的价值内涵通过价值构建的方式传递到用户中来,最终需要通过赢利模式对企业的价值进行体现。它是企业商业模式最终的评判标准,所有的商业模式最终的目的就是为企业进行价值变现。社会化媒体企业的赢利模式很多,总体分为以下两大类。

(1)直接赢利模式

指社会化媒体企业通过向用户直接收费方式取得赢利,大多数的社会化媒体企业通过增值服务来收费,通过差异化定价的方式,利用基本服务免费吸引大批用户加入,再通过提供额外的增值服务,对于有特殊需求的用户进行收费,从而实现赢利。如各类企业的存储服务,基本空间不收费,超过部分收费;新浪微博的普通用户不收费,VIP用户需要付费;视频网站的大片免费,最新的高清视频大片点播需要付费。

---

[1] Allan Afuah, *Business Models: A Strategic Management Approach*, Boston, Massachusetts: McGraw—Hill, August 2003.
[2] Patrick Stahler, "Business Models as an Unit of Analysis for Strategizing", *International Workshop on Business Models*, Lausanne, Switzerland, 2002.

(2)间接赢利模式

指社会化媒体企业对用户免费,通过第三方付费的模式取得赢利的方式,具体的表现形式主要是插入广告。通过吸引大批的用户参与,将用户的流量通过广告的方式进行价值变现。典型的如视频网站,通过贴片广告的方式取得收入。Facebook通过各类创新性的接触式、互动式广告模式赢得了巨额的收入。

2. 成本控制

成本控制对于任意商业模式而言,都是关键的一环,尤其对于社会化媒体企业而言,早期的创业者往往只关心技术的创新,忽略了成本的管理,结果造成运营成本急速上升,迟迟无法实现赢利甚至最终破产。

(1)静态成本控制

主要指日常的成本控制管理,包含日常的人员工资、经营成本、管理费用、维护费用等。

(2)动态成本控制

主要强调社会化媒体企业应当根据自己手中的现金流及市场定位策略,量力而为,不可盲目地进行投资,招募大批人员,最终导致后续运营成本过高,被迫关门。

3. 管理团队

无论有多好的商业模式,归根到底还需要人来操作、执行,因此,要想使企业的价值最终得到体现,必须有一支高效、务实、具有创新精神的管理团队。尤其对于社会化媒体企业而言,由于面临各种内外环境的机遇及不确定性,一支能够把握机遇,善于评估风险,进行持续系统化创新的管理团队将是商业模式最终能否成功的关键所在。

(1)创新精神

社会化媒体企业本身的特性,决定了它的管理团队必须具有

Web2.0时代的创新特质,从高层领导到一线员工,每个人必须有极强的创新欲望,随时关注内外环境变化所产生的创新机遇,不能用传统企业的眼光去审视社会化媒体企业的发展。Myspace被新闻集团收购后被Facebook超越就是典型的反面教材,传统的媒体企业管理者无法驾驭社会化媒体的创新理念。

(2)系统化的管理

社会化媒体企业作为新兴的互联网企业,其发展面临种种风险及不确定性,因此其管理团队必须具备系统化的管理经验,在保证创新理念的前提下,对于企业内外环境中可能遇到的各种风险和机遇进行系统的分析与评估,制定各种规划及评估体系,随时调整经营策略,严格控制企业的成本及现金流量,确保企业利润平稳增长。

二、2E 的创新产生的因素

1. 内部环境

在这种环境下的创新因素,往往需要企业内部具有专业知识并善于把握创新机遇的人来发现。

(1)意外的现象

包含意外的成功、意外的失败及意外的外在事件三种情况,企业往往会简单地将其看为一般性问题加以忽略。为此管理学大师彼得·F.德鲁克给出的忠告是:"意料之外的事件,能使我们跳出先入为主的观念、假设及原先确定的事物,所以它是一个相当有用的创新来源。"[①]

(2)不一致现象

指企业现实中的表现与预先的假设出现很大的偏差,如果企业内

---

① 〔美〕彼得·F.德鲁克:《创新与创业精神》,萧富锋、李田树译,麦田出版股份有限公司1999年版,第80页。

部人士对此进行深入的研究，往往会发现重要的创新机遇。

(3) 程序的需要

指在企业既有的工作流程中，需要加以改进的关键步骤。一旦发生重大的革新，这些程序必将为整个行业所接受并成为标准的配置，因而存在重要的创新机遇。

(4) 产业与市场结构

产业与市场结构发生重大变化时，常常导致各种旧有的均衡被打破，各种创新的机会产生，外来者有时会把握机会成为行业的领袖，如谷歌打败微软成为互联网时代的王者，苹果击败诺基亚成为智能手机行业的霸主。

2. 外部环境

指企业所处的社会环境中由于人口因素、新的知识及人们对于事物看法的转变所引发的一系列创新动因。具体包含以下几方面：

(1) 人口统计资料

人口的变化往往会带来重大的创新机遇，如美国在20世纪60年代生育率下降导致的受教育人群的变动，当前美国及西欧的人口出现老龄化趋势带来的医疗保健行业的创新机遇。

(2) 认知的改变

指人们对于某种传统事物的看法及态度发生了根本性的转变，从而促使某些创新机遇的产生，如20世纪50年代人们对于中产阶级的定义成就了大英百科全书公司的销售辉煌。

(3) 新知识

这是最为人们所关注的创新，由新的知识所引发的技术变革，引领整个行业出现重大的发展机遇，如互联网技术的运用，及Web2.0概念的提出促使新的社会化媒体公司兴起，但是此类创新的风险性极高,如果不能够进行系统化的管理,很容易失败。

第三节 社会化媒体商业模式的分类研究

一、社会化媒体企业与传统企业的差异性

鉴于社会化媒体企业的特殊形成机制,其本身就带有与传统企业及早期互联网企业显著不同的特点。社会化媒体时代,企业运营的商业要素与传统企业相比,已经有了根本性的改变,传统企业还处于"原子经济"时代,还需要依赖实体性的生产资料来制造产品,而在社会化媒体时代,企业已经进化到"比特经济"时代,它们所提供的完全是数字化的产品与服务,商业要素与传统企业相比有着以下几方面的不同。

1. 去中心化 VS 一对多

"社会化"本身就意味着权力下放,即"去中心化",指人人均可以参与其中,在社会化媒体时代,大众媒体的权威性及专业性不复存在,传统的"一对多"的传播范式已被颠覆,每一个参与者均可以成为信息的自由发布者,随时上传自己的信息与别人分享。

2. 充裕 VS 稀缺

科技的不断更新,使得在"摩尔定律"规则下的"比特经济"时代,CPU、存储以及带宽已经变得越来越便宜,因而在规模巨大的数字化经济中所占的比重越来越小,YouTube 及 Gmail 大容量邮箱的出现更表明了在信息化时代,在线东西的边际成本都趋于零甚至可以忽略不计。而在传统的"原子经济"企业,其生产的产品受制于原材料等资源的限制,受制于资源的稀缺,每一件产品都有固定的原料成本。

3. UGC(用户生产内容)VS 企业自产

在社会化媒体企业中,很多产品及服务都是用户自己生产并上传供其他用户使用的,用户既是生产者也是消费者,因而出现了一个新词——生产消费者(prosumer),而传统企业还是依靠自己生产产品。

4. 免费 VS 收费

社会化媒体企业针对大多数用户采取"免费"的策略,通过聚集大量的用户,由第三方付费的方式来赢利,而传统企业采取直接跟用户交易的方式获得赢利。

5. 去版权化 VS 版权保护

目前的版权保护措施严重阻碍了社会化媒体的进一步发展。由于社会化媒体强调用户的参与和共享,所有的创造都是基于现有产品,即"站在巨人的肩膀上"的,原有的基于印刷时代的相关产权保护的法律严重阻碍了社会化媒体的发展,因此,必须针对互联网的发展制定新的开放版权的保护政策,才能够完全释放社会化媒体的创造力。

二、社会化媒体企业商业模式分类

由上述可见,社会化媒体企业是一种创新型的互联网企业,因此其商业模式与传统的商业企业有着本质的区别,不能完全照搬传统商业企业的模式对其进行解构。从目前国内外的研究来看,还没有专门针对社会化媒体企业这一特殊群体的商业模式的研究,现有的商业模式研究都是针对所有企业,主要是传统企业的商业模式构建,对于社会化媒体企业本身的特殊性,如去中心化、用户参与设计、分享与互动等因素均未做深入的研究,因此,对于社会化媒体企业而言,当前商业模式的架构对其并不十分适合,需要根据企业的特殊属性进行单独的

第三章 社会化媒体商业模式构建

构建及进一步的深入研究。

从目前社会化媒体企业的表现来看，主要存在以下几种商业模式。

1. 生态系统商业模式

生态系统商业模式是社会化媒体企业商业模式中最为复杂的一种，也是门槛及综合实力要求最高的一种，它的建立首先需要三个必备的因素：第一，创业者要拥有远大的价值主张，要具备社会化媒体企业所必需的战略眼光，不能以短期赢利为目的，而是为了实现某个有意义的想法。赢利只是想法最终实现过程中必然的回报，要耐得住寂寞，否则一旦进入快速成长通道，便很容易迷失。第二，必须要拥有庞大的用户资源，要想实现生态系统化商业模式，用户数量至少应该在千万级以上，要想取得主导地位必须有亿级以上的用户规模；第三是要有很强的用户黏性，这就意味着实施生态系统模式的社会化媒体必须以用户为中心，提供大量的能吸引用户的便捷服务功能，并随时根据用户的反映对于新推出的功能进行调整，如 Facebook 早期推出的"赞"与"捅"的功能及用户墙、快捷上传图片的功能等，而后来为了广告目的推出的"灯塔"功能在上线不久后迫于用户的不满而迅速调整。

在具备上述条件的基础上，通过采取开放的平台策略，利用庞大的用户资源吸引大批的独立应用软件产品的开发商加入平台，提供各种类型的产品及服务，满足不同用户的各类需求，最终将其打造成一个互联网时代的个性化平台入口。每个用户通过登录这个平台得以在整个互联网世界中遨游，并随时与朋友分享自己在现实生活中的点点滴滴，将线上与线下有机地结合起来，成为用户生活中必不可缺的一部分。典型的企业为 Facebook，前期通过校园交友通讯录的方式迅速积累了大量的忠实用户，随着用户规模的不断扩大，通过对不同用户群体资料的细分与数据统计分析,精准地投放相应的广告产品,从而实现现金流的回报。随着用户黏性不断增强,Facebook又开始实行平台开放政策。Facebook召开F8开发者大会,将Facebook打造成一个开放的互联网生态系统,允许第三方的软件开发者利用平台发布各类产品及服务,提供在线游戏,甚至电子商务,Facebook从中收取30%左右的提成。Facebook通过庞大的用户群及开放的平台策略,吸引了大量的第三方应用的投放与使用,在进一步提升用户黏性的同时,从第三方手中获得大量的现金回报,最终将自己打造成一个网络世界的生态系统平台,逐步将所有的互联网需求纳入到平台中来,从电子商务到休闲娱乐,无所不包,改变了传统的互联网企业的商业模式,不断地创造新的赢利方式。目前国内外最具代表性的两家平台型社会化媒体企业为Facebook与QQ,分别是美中两国社会化媒体企业的巨头。

2. 免费的商业模式

这是所有社会化媒体企业在成长初期的典型商业模式,即以免费的方式提供有吸引力的产品及特色服务来吸引大批的用户加入体验,并利用产品本身的黏性网罗更多的用户,在完成了基本的用户积累之后,通过提供专业的差异化收费服务来实现货币回报,同时也提供第三方的广告与增值服务,最终利用交叉补贴的方式赢利。其特点是对基本用户实行免费策略,对高端用户如企业用户采取收费策略。

前提条件有两个:第一是用户的基础规模要足够大,至少要在千万级以上,基数越大,平台的品牌效应就越强,潜在的付费人数就越多,在边际成本相对不变的情况下,通过付费用户来补贴免费用户,同时,通过与第三方合作,利用广告或用户流量的导入等服务来实现赢利。第二是平台的品牌效应。同社交网站不同,此类社会化媒体企业特别需要注重其品牌效应这一媒体属性的建立,如在微博大战中,新浪依靠传统互联网媒体的品牌优势，后发而先至，最终击败众多早期的先行者，取得了微博这一新型社会化媒体的领导地位。

相对于生态系统型商业模式的社会化媒体企业而言，采取免费商业模式的社会化媒体企业的黏性没有前者强，主要依靠具有强烈媒体属性的特色服务来吸引用户加入，其特点是在Web2.0时代为个体用户提供自媒体的发布平台，即每个用户都可以将自己身边的新闻或视频上传到社会化媒体平台上，利用其品牌的传播威力，迅速为自己建立互联网声誉，甚至成长为舆论领袖。

此类企业在早期需要投入大量的资源来建设品牌，同时需要企业的领导人具备传统媒体的职业素养与Web2.0时代传播途径的敏锐嗅觉，尤其是在积累用户的同时，如何对用户发布的内容与潜在需求进行深度挖掘，结合第三方资源进行优势互补，仍然需要一个长期的探索过程。其早期阶段对于资金的需求门槛很高，达到盈亏平衡点的相对时间较长，必须与其他类型的企业合作进行优势互补，否则赢利的风险性较大。代表性的企业类型有微博及视频网站企业。

由此可见，对于社会化媒体企业而言，最关键的考量指标依然是用户规模，谁拥有的用户数量最多，谁就在行业里拥有最大的竞争优势。而在Web2.0时代，行业的用户规模最终取决于社会化媒体企业所提供的产品与服务是否能够带来足够的用户黏性，是否能够具有独特的难以替代的价值效用。因此，社会化媒体企业对于赢利的预期应该比传统互联网企业的周期还要长，对于商业模式的探索需要一个相对较长的过程。在此期间，企业应当将如何确保用户数量的稳定增长作为首要的目标，随着用户规模的不断扩大，最后实现赢利将是水到渠成的事。反之，如果过早地追求赢利，必将忽略用户的需求，Facebook对于早期社交网络霸主Myspace的超越充分说明了这一点。

此外，随着智能手机的不断普及，移动互联网的带宽不断提升，未

 社会化媒体商业模式创新研究

来上网的终端已经由传统的 PC 转为智能手机,用户的时间会越来越趋于碎片化与去中心化,互联网的中心已经转移到移动互联网上来,未来用户的需求将更加多样化与个性化,因此,社会化媒体企业未来的商业模式将围绕着以个体为中心来创新与重建,必将不断地推出新的产品与应用服务,对于商业模式的创新也必将迎来移动互联网的爆发式的增长。

第四节 社会化媒体商业模式创新的经济学理论

通过对比研究,笔者发现,社会化媒体企业商业模式的创新,完全遵循已故奥地利籍著名经济学家熊彼特在《经济发展理论》一书中所提出的经济发展的商业周期理论及经济系统的创新理论。

一、商业周期理论

熊彼特在其 1939 年的著作《商业周期》一书中接受了长约 50 年左右的"康德拉季耶夫周期"这一现象的事实,即每隔 50 年,一个长期的科技的发展就会到达顶峰。在该循环的早期 20 年里,最新的科技进步所引出来的成长产业似乎变得非常优异。那些产业的利润看起来虽然空前高,但实际只不过是对停止成长的产业所不再需要的资本进行回收而已。该状况的持续绝不会超过 20 年,随之而来的是一个突发的危机,通常经由某种恐慌发出征兆,接下来就是长达 20 年的经济停滞。①

但是熊彼特提供了与康德拉季耶夫(1925)本人不同的新颖解释。

---

① 〔美〕彼得·F.德鲁克:《创新与创业精神》,萧富锋、李田树译,麦田出版股份有限公司 1999 年版,第 16 页。

按照熊彼特本人的说法,每一个商业周期都是独特的,因为技术创新以及战争、发现金矿、农业歉收等历史事件各不相同。根据熊彼特的商业周期理论,英国工业创新经济学家克里斯·弗里曼及罗克·苏特(Chris Freeman & Luc Soete)绘制了表4.1:

表 4.1　连续的技术变革波①

连续的技术变革波					
长波或周期		主要基础结构的重大特征			
大约时限	康德拉季耶夫波	科学,技术教育,培训	交通运输	能源系统	普遍与廉价的关键要素
第一次:1780~1840	产业革命:纺织品工厂化生产	学徒制,边干边学,意见分歧的学派,科学社团	运河,车行道	水力	棉花
第二次:1840~1890	蒸汽动力与铁路时代	专业机械与土木工程师技术学院大众初级教育	铁路(铁),电报	蒸汽	煤,铁
第三次:1890~1940	电气与钢铁时代	工业研究与开发实验室,化学品与电气国家实验室,标准实验室	铁路(钢),电话	电气	钢
第四次:1940~1990	汽车和合成材料的大批量生产(福特主义)时代	大批量生产产业和政府的研究与开发,普及的高等教育	汽车公路,无线电和电视,航空航线	石油	石油,塑料
第五次:1990至今	微电子学和计算机网络时代	数据网络,研究与开发全球网络,终身教育和培训	信息高速公路,数字化网络	天然气,石油	微电子学

---

① 〔英〕克里斯·弗里曼罗克·苏特:《工业创新经济学》,华宏勋等译,北京大学出版社2005年版,第25页。

通过表4.1我们可以清楚地看出,依据熊彼特的商业周期理论,社会化媒体企业正好处在经济周期发展的第五波的黄金时间点上,而社会化媒体企业本身正是计算机与网络时代的高级表现形式。由此可见,社会化媒体企业商业模式创新代表着未来经济发展的必然趋势。

二、经济系统创新理论

熊彼特在其《经济发展理论》(1934)一书中对于经济系统创新的五种情况做了以下的详细描述:(1)引进一种新的产品,也就是消费者当前还不熟悉的产品,或者一种产品产生某种新的特性。(2)采用一种新的生产方法,也就是当前在有关制造部门还没有通过经验检验的方法,这种方法的建立绝不需要以科学上新的发现为基础,而且它还可以在商业上处理某种产品的新方式存在。(3)打开一个新的市场,也就是所研究的国家的某一个制造部门以前没有进入过的市场,而不管这个市场以前是否存在。(4)征服或者控制原材料或半制成品的某种新的供给来源,而不关心这种来源是已经存在的,还是第一次被创造出来的。(5)任何一种工艺执行新的组织,比如造成一种垄断地位(例如通过托拉斯化),或者打破一种垄断地位。①

根据熊彼特的论述,我们可以明确看到创新的五大领域,即产品创新、技术创新、市场创新、资源创新与制度创新。对照社会化媒体企业,我们可以发现,作为互联网企业的最新表现形式,社会化媒体企业在产品、技术、市场、资源、制度等领域均有极其优异的创新表现。在产品领域,它们提供了完全不同于以往的基于用户为中心的互动性的

---

① 〔美〕约瑟夫·阿洛伊斯·熊彼特:《经济发展理论——对利润、资本、信贷、利息和经济周期的研究》,叶华译,中国社会科学出版社2009年版,第85页。

新型媒体网络产品；在技术上，它们基于移动互联网，应用了以Web2.0技术为代表的新一代互联网技术，并向Web3.0等更高水平的技术平台过渡；在市场上，它们创造了基于个人为中心的、新的商机及注意力市场，可以将其货币化；在资源上，它们利用自己的强大平台及品牌优势为用户提供各种便捷可用的内容创造工具及应用；在组织架构上，它们凭借庞大的用户资源在各自的行业中分别取得了绝对垄断或相对垄断的行业地位。

三、企业家精神与创造性的破坏理论

对于"企业家"一词，熊彼特做了以下的精彩定义，即能够实现生产工具新组合的人。并进一步指出，当他实际地"实施新组合"时，他才是一个企业家；而一旦他建立起自己的企业，也就是当他安定下来，如同其他人经营各自的企业那样，在经营这个企业时，他就失去了这个特征。① 进一步地，熊彼特通过辩证的论述揭示了企业家的特质是打破原有经济平衡并使之动态地趋向新的平衡的原始动力所在，也是推动经济不断进行动态循环流转的根本原因所在。

社会化媒体企业的商业模式创新，恰恰是对熊彼特论述的精彩诠释。社会化媒体企业的创业者们，正是遵循了熊彼特所阐述的企业家的特征，他们运用新型的互联网技术工具，使用户能够自己生产内容，从而颠覆了传统大众媒体的运作方式，打破了专业人士对于传媒的垄断统治，开创了新型的互联网商业模式，赢得了大批资本的青睐，从而进一步地完善了自己的商业模式与创新理念，推动整个经济不断向前发展。

---

① 〔美〕约瑟夫·阿洛伊斯·熊彼特：《经济发展理论——对利润、资本、信贷、利息和经济周期的研究》，叶华译，中国社会科学出版社2009年版，第100页。

第四章 国内主流社会化媒体商业模式分析

第一节 新浪微博的商业模式分析

新浪微博是由国内著名互联网公司新浪推出的,提供微型博客服务的即时交流与沟通平台。通过智能手机或 PC 用户可以随时在线分享各类文字、图片及视频信息链接,随时发布自己的观点,发布的中文字数不能超过 140 个字,是目前国内最为流行的自媒体发布平台。微博的最大传播特性在于其广播的特点,任何一种观点一旦通过微博发布,必定以转发的形式快速传播,SNS 的病毒式传播方式使其天然具备典型的社会化媒体特征。

一、发展历史

微博在国内的兴起源于美国著名微博网站 Twitter 的崛起,早在 2007 年,在美国的 Twitter 已经崭露头角时,国内著名社交网站——校园网的创始人王兴就创建了中国最早的微博网站"饭否",与此同时,国内一大批类似的微博网站"叽歪""嘀咕"等相继创立。早期的微博网站主要限于资深的圈内人士,2009 年由于政府的管控相继关闭。新浪网作为国内互联网媒体的龙头企业,此时正面临新的移动互联网

第四章　国内主流社会化媒体商业模式分析

时代的抉择,毅然决定将移动互联网的未来押宝于微博产品。新浪微博的横空出世可谓恰逢其时,美国 Twitter 网站空前成功,达到了上亿的用户数量,为新浪树立了良好的榜样;而且当时国内饭否已经做到了百万级的用户数量。新浪作为互联网的资深媒体企业代表,熟悉国内政府对于媒体的各类监管政策,同时拥有运营传统博客的成功经验,因此,新浪微博一经推出,立即大受欢迎。2009 年 9 月新浪微博推出不久,李宇春做客新浪聊天室,访谈期间用手机发布了一条微博,立即引发大量粉丝的关注,被粉丝们转发及评论了数万次。在传统互联网媒体品牌的影响力以及在新浪博客中积累的大批名人示范效应的双重推动之下,新浪微博的用户数量呈几何级增长,2009 年 11 月 2 日,新浪微博迎来了第 100 万个用户,距离其对外公测仅 66 天。2010 年 4 月 28 日,新浪微博用户数量首次突破 1000 万大关。[①] 经过短短的 3 年多的发展,新浪微博的用户迅速突破 5 亿大关,截至 2012 年年底,其日活跃用户数高达 4620 万人[②],成为中国提供微博服务的第一品牌。

二、价值主张

新浪微博作为国内传统互联网媒体企业推出的社会化媒体服务平台,其成立伊始就提出了不同于传统互联网企业的价值主张。由于社会化媒体的特质远不同于传统的互联网企业,因此必须在保持其固有媒体属性的基础之上,打造全新的基于社会媒体性质的以用户为中心的新型价值主张,唯有如此才能吸引大批的用户加入。

---

① 李开复:《微博改变一切》,上海财经大学出版社 2011 年版,第 34 页。
② 《新浪微博用户数超 5 亿同比增长 74%》,新华网,http://news.xinhuanet.com/tech/2013—02/21/c_124369171.htm。

(一)价值内涵

相对于 Twitter 的"what is happening",新浪微博的口号更为国人所接受——"随时随地分享身边的新鲜事儿"。鲜明的口号体现了新浪微博的社会化媒体的典型特点,即用户创造与分享。新浪微博的核心理念在于随时随地为用户提供分享与发布内容的服务。用户是创造价值的主体,微博只是为用户提供了一个自我发布的媒体平台。同时,"及时性"的服务理念表明了其移动互联网的便捷特征。用户无须像传统的博客那样,端坐于电脑之前,经过长时间的深思熟虑,写出一篇优美的博文供大家欣赏。140 个汉字的限制使大多数人无须深思熟虑,只需要口语化的只言片语,就能将自己此时此刻的感受通过手机发布在网上。方便快捷的操作模式,口语化的语言交流方式极大地降低了进入的门槛,吸引了大批草根用户加入进来。同时,自媒体的平台播放手段使任何一个人都拥有了向全世界表达自己观点的通道,颠覆了传统舆论传播的范式。传播的方式从传统大众媒体时代的一对多转变为一对多对多甚至是多对多的模式。

(二)用户参与

新浪微博作为自媒体式的发布平台,其内容均是由用户创作并上传到平台上来的。新浪微博提供各种方便地工具帮助用户进行编辑及转发。如通过内置的搜索功能,用户可以方便地搜索各项微博的内容信息;对于自己感兴趣的人可以通过关注成为其粉丝,并与对方进行网络化的互动交流。用户还可以通过手机通讯录导入的方式查找自己身边的朋友是否有加入微博的人,并与其通过互相关注的方式成为对方的粉丝,并进行互动。用户还可以将自己的亲朋好友及所关注的人进行分类,私信功能的开通使好友之间可以进行一对一的交流而不被外界所知晓。图片分享功能的设置使用户随时可以用手机拍下一张精美的图片配以简单的文字说明后,直接分享到新浪微博中去。各种便利的工具使新浪微博一经推出,就吸引了大批的用户上传并分享自己的体会,其与 Twitter 的明显不同在于,后者始于文字交流为主,强调推文的转发,而新浪微博则一开始就开通了图片分享的功能,中国的微博用户更加偏爱这种图文并茂的多媒体交流方式。

(三)用户管理

作为国内新兴社会化媒体表现形式,新浪微博的飞速发展迅速聚集了海量的用户与数据流量信息,如何帮助用户梳理如此众多的数据,对用户的众多数据进行分类管理;同时由于新浪微博在设计的过程中就植入了众多的社交功能,因此,如何帮助用户管理众多的关系,搜集用户的兴趣与爱好,方便用户对于自己的微博内容进行管理与排序,均成为新浪微博提供各项便捷管理功能的必要条件。

1. 搜索功能

新浪微博目前提供内部搜索功能,其最新的信息是不允许外部搜索工具抓取的,因此用户只能用其提供的搜索工具进行相关内容的搜索与查询。通过此项功能,新浪微博可以随时了解用户的爱好与需求,结合用户的其他行为对其进行综合的数据分析与挖掘,为未来的货币化之路奠定扎实的基础。

2. 用户注册

目前新浪微博的注册有两种方式,一种是通过登录网站的方式进行注册,另外一种是通过手机的方式进行快速注册。根据国内最新的管理法规,所有的微博用户必须提供实名身份证号与手机号码,从而避免个别用户不负责任地任意散布各类虚假信息。

3. 身份识别功能

新浪微博为了防止个别用户假冒名人进行欺骗性的言论发布,对于实名注册的名人用户采取身份认证制度,凡是通过身份认证的名人用户会在其照片右下方加一个黄底红字的圆形"V"字徽章,对于企业及机构的用户则是一个蓝底白字的"V"字徽章,从而杜绝冒名顶替的事件发生。

4. 社交功能

用户一旦通过手机登录新浪微博,即可通过导入通讯录的方式寻找朋友及熟人,并可通过手机短信的方式邀请未加入微博的好友加入进来并进行"互粉"。一旦相互关注成功即可展开一对一的互动,也可以通过建立微群,将一批有着共同爱好的人聚集起来,在群中进行更加深入的互动与交流。

5. 统计功能

在新浪微博的界面上,用户可以方便地统计自己的各项指标,如自己关注的微博数目、个人的粉丝数量以及自己发起的话题等。用户还可以结合查询功能对自己所发出的各条微博进行浏览与管理。

6. 微博达人

微博达人是新浪微博对于资深微博用户的一个特殊标定,它会配备一个特殊的中间为红色五角星的圆形勋章给达人用户。能否获得达人勋章,需要从日登录次数、活跃程度,以及粉丝及互粉、关注的用户数等多个指标来进行综合评定。一旦得到达人勋章,则意味着作为新浪微博的深度用户,可以享受很多普通用户无法享受的商家打折、代金券等增值服务。设置微博达人的目的是为了鼓励用户多登录新浪微博,多与其他用户进行互动。

三、价值构建

经过长达三年的高速增长,新浪微博已经围绕其核心价值理念开展了多项工作,笔者依然从市场定位、资源配置与核心行动三个方面进行分析。

(一)市场定位

新浪微博在创立初期就立足于打造一个基于用户关系的信息分享、传播以及获取的社交网络平台。① 从新浪微博发展的历程来看,其一开始就致力于打造移动互联网的社交平台。从本质上来看,它希望成为 Twitter+Facebook 的混合体。但是从其早期的用户增长及发展方向来看,新浪微博更擅长于其母公司的传统强项,即对于新闻及媒体事件的传播与报道,力图为广大用户打造一个基于移动互联网的自媒体发布平台。尤其是在各地热点事件的曝光与规范政府行为方面,新浪微博都成为个体用户发布信息首选的平台。在被公司强烈看好的社交网络方面,新浪微博一直没有太大的突破,由于其早期的推广很大一部分依赖名人的效应,因此虽然拥有庞大的用户群,但是真正活跃的用户还不到10%,用户与明星之间的互动非常有限,更像是传统媒体中的明星在表演,粉丝在围观。因此,新浪微博在促使普通用户更加活跃并参与互动方面,似乎还有更多的潜力需要进一步挖掘。

(二)资源配置

在资源配置方面,新浪公司对于新浪微博项目可谓是倾注全力。从 2009 年公司决定做微博产品起,就投入了最核心的人员进行微博

---

① 新浪微博官网介绍,http://hr.weibo.com/jobs/about.php。

 社会化媒体商业模式创新研究

平台的技术研发，CEO曹国伟在公开场合多次表示对于微博产品的开发投入上不封顶。因此，微博项目经历了爆发性的增长，从2009年8月14日内测到9月份投入运营只用了短短的半个月的时间。起初微博仅包括评论、转发、@与私信功能。它的推出恰逢国内早期的微博服务提供商由于政府的原因被迫暂停运营，新浪果断地抓住机遇切入这一新兴市场。随后，新浪对产品不断进行优化升级，先后完善了后台数据处理、搜索等各项功能，并于2009年11月开始提供第三方接口，允许通过第三方软件发布信息到新浪微博中去。2010年7月28日，新浪微博对外正式发布第三方API接口开发平台，允许第三方的软件开发者基于该平台围绕新浪微博用户开发各种应用软件。依靠全方位的人员投入与不计成本的研发投入，新浪微博迅速成长为国内微博产品的第一品牌，用户数超过5亿人。

(三)核心行动

经过3年的高速成长，目前新浪微博已经在用户总体数量及当日活跃用户数量方面占据显著优势，新浪公司对于微博的投入也依然不断增加，但是，如何将巨大的用户数量转化为实际的商业效益，新浪微博依然需要一个长期的探索过程。为此，新浪公司也采取了以下行动，希望在巩固自己已有市场地位的同时，加快微博的货币化进程。

1. 云开放平台的推出

Sina App Engine(以下简称SAE)是新浪研发中心于2009年8月在内部开发，并在2009年11月3日正式推出的国内首个Alpha版本的公有云计算平台(http://sae.sina.com.cn)，SAE是新浪云计算战略的核心组成部分。① 新浪的云计算开放平台完全是新浪公司为了支

---

① 《什么是Sina App Engine》，http://sae.sina.com.cn/? m=devcenter。

持新浪微博业务所开发的一个大数据的平台项目,其核心是为了支持新浪微博的大流量数据分析与挖掘服务,并在内部进行各种最新功能产品的开发。2010年11月16日,"2010中国首届微博开发者大会"在国家会议中心举行,此举标志着新浪微博的云开放平台策略正式生效,未来将演变成类似于F8的应用开发平台。

2.独立域名

2011年3月,新浪微博开始启用短域名t.cn服务,用户微博发布链接将缩略成带有t.cn的短链接。t.cn替换sinaurl之后,用户在新浪发布的链接将会更短,这样可减少占用微博的字数。此前,国外著名博客Twitter采用了t.com,推出缩短网址服务。2011年4月,新浪微博独立启用微博拼音域名weibo,同时启动新版Logo标识。新版域名及标识的推出,表明新浪将微博作为一个完全独立品牌运营的决心,同时也将其从公司的现有业务中逐渐剥离出来,实现独立运作,为其以后单独拆分上市奠定了基础。

3.海外市场拓展

2011年6月,新浪对外宣布,在遵守中国法律的前提下,开发英文版本以开拓海外市场。目前新浪已经利用其原有门户网站的优势,先后在中国台湾、中国香港及北美开通了微博的分站服务,为其未来进军海外市场做好了前期准备工作。

4.广告代理

2012年下半年,伴随着微博产品的商业化提速,新浪大批量发展与微博广告业务相关的合作伙伴及二级代理机构,为微博产品的大规模商业化做好产业链的构建工作。

四、价值体现

任何企业为用户创造出的价值,最终必将以利润的形式体现出来,否则这个企业将无法长期生存下去。社会化媒体企业由于其颠覆性的发展理念,更加需要探索价值的生成模式。新浪微博必须在完成以上各个步骤的基础上,通过赢利模式、成本控制与管理团队三方的协同,才能够将企业的价值最终表现出来并实现赢利。

(一)赢利模式

在三年多的发展历程中,开始两年可以说是新浪微博的积累过程,从初始的100万到1个亿的用户仅用了不到一年的时间,而后在不到一年的时间里用户达到3亿人。截止目前,新浪对于微博项目累计投资超过了2.5亿美元。2012年4月,迫于赢利的压力,新浪微博正式开始了商业化的运营。但从目前运营状况来看,其离正式赢利尚有很大的距离。目前新浪微博的赢利模式主要有以下几种形式。

1. 客户端广告

这是目前新浪微博的主要赢利来源,通过在用户的客户端主页上方张贴广告进行收费,凭借其庞大的移动手机用户群体,该类广告吸引了大批的传统客户的关注,但此类广告位置有限,在手机客户端并不能放置太多。此外,此种模式还带来了另一个问题,即挤压了传统新浪门户的广告收入,这也是导致其整体营收增长放缓的一个重要因素。

2. 会员费

新浪在2012年下半年针对用户推出了会员年费增值服务,用户只要交纳每月10元人民币的会员费,就可以享受VIP会员的特殊待遇。首先可以在自己的头像下方单独拥有一个皇冠的标志,同时在一些个性化功能定制方面以及微博的置顶与发布方面享有特殊的优先权利。目前已经有很多用户尝试开通会员服务,此举为新浪微博贡献了不小的营收,但总体规模尚小,并未凸显出会员用户的明显权利,很多人只是为了满足一下小皇冠的虚荣心。新浪微博未来在会员服务方面还要推出更多的优质增值项目,从而吸引更多的用户付费。

3. 游戏服务

指新浪通过自己的微博平台,为第三方的合作伙伴推荐各类游戏服务,用户下载或注册成功后与游戏的开发商进行广告及服务方面的分成。近期游戏增值业务增长很快,由于游戏能够增加用户对于新浪微博的黏性,因此必将成为新浪微博平台未来收入来源的一个重要组成部分。

4. 微博大V赢利分成

目前新浪微博的很多草根大V用户,即通过新浪微博平台发布各类信息并拥有百万级以上粉丝的微博达人,已经开始利用自己的媒体影响力发布各种产品广告获取收入,有的甚至获利超过千万。目前,新浪微博对这些用户进行了集中管理,对其发布的带有营利性质的广告推介收取相应的广告分成。

5. 电子商务促销

新浪微博已经在此方面进行了有益的尝试,2013年初新浪和小米手机合作,通过自身掌控的账号资源,再动用微任务收编的草根大V资源,迅速销售出5万台小米手机,并从中获得分成;2012年1月14日,新浪微博与奔驰汽车联手推出2013年奔驰Smart特别版车型,效果非常明显,666辆新年特别版汽车在短短的490分钟内售罄。新型促销类电子商务模式的推出,避免了传统的贴片广告对自身门户广告资源的挤占。

6. 虚拟货币

借鉴腾讯的 Q 币,新浪也推出了自己的虚拟货币——微币,一微币等同于一元人民币。新浪微博推出虚拟货币,彰显了其在未来平台化战略中对用户及第三方合作伙伴收费的野心,成为新浪微博未来收入增长的助推剂。

7. 增值服务收费

从 2012 年起,新浪开始推出针对用户的各种增值收费服务,如个性化的微号,在 2012 年 5 月以 888888 为后缀的微号以 150 万元的天价被香港富豪李兆基之子李家杰购得,微直播、微游戏、微搜索、微群、微吧、微刊……随着新浪微博产品越来越丰富,其中需要用户支付微币的地方也越来越多。

8. 未来赢利模式

(1)基于信息流的广告

目前新浪微博正在进行基于微博信息流投放广告产品的测试,在一期推出的面向企业微博粉丝的信息流广告产品中,新浪按照 CPF,也就是有多少用户登录并且看到了企业发布的内容来计算。如果企业微博粉丝在广告投放期内没有登录,没有看见推广信息,则企业无须为之付费。新浪正在尝试的 CPE 模式是基于用户与推广内容互动的收费模式,包括对推广内容的转发、收藏、短链点击等。新浪将尝试多种收费方式以满足不同广告主的需求。[①] 2015 年情人节期间,高洁丝与新浪微博合作发起"高洁丝告白微博男神"的活动,结合当红男艺

---

① 《新浪微博商业化专访:信息流广告成阶段重点》,http://news.imeigu.com/a/1358840524818.html。

人鹿晗和网络热词"男神""小鲜肉"等元素组成热门话题,将品牌不动声色地融入其中,而后通过微博名人扩散,并将相关信息定向推送给高洁丝的用户群,最终形成1.1亿人次的阅读和41.5万人次的评论,实现了将近200万的产品销量。"微博将会在整合优质资源的基础上,正式发布国内首个社交媒体全覆盖解决方案'BigDay',重新定义社会化营销的价值。"新浪微博副总裁王雅娟在接受南都记者采访时这样表示。①

(2)作为其他社会化媒体的流量导入来源

笔者认为,新浪微博可以充分利用自己的用户规模优势,与其他的社会化媒体平台合作,进行优势互补,如可以跟各大视频网站合作,发动微博用户进行看视频抽大奖等活动,发动用户到视频网站观影,与视频网站进行广告分成,等等。

(3)LBS增值服务

由于目前微博用户多使用的智能手机均带有手机定位功能,新浪微博可以利用增值服务的方式,发动用户去签约商户进行折扣消费,并对用户的积极反馈予以积分奖励,从而形成良性的循环,鼓励用户尝试更多的商家服务并收取商家的消费提成及推广费用。

(二)成本控制

对于新浪这样一家互联网上市公司而言,其现任董事长曹国伟早期就是新浪的CFO,因此在成本控制方面整体非常规范。新浪早期的微博产品开发是汇集了其原来做移动互联网增值服务及社交产品的骨干员工,因此彼此之间的配合非常默契。从决定投入微博项目开发到第一版产品测试,新浪仅用了一个多月的时间。不到两个月第一版

---

① 《新浪微博推"BigDay"营销方案进一步探索盈利模式》,http://tech.ifeng.com/a/20150424/41066336_0.shtml。

产品正式上线使用,并不断地进行后台的升级与服务工作,高效的内部开发团队为新浪节约了大量的人力成本与时间资源,为其抢占微博的先发优势发挥了至关重要的作用。截止到2012年年底,据新浪的最新财报披露,新浪已经累计投入开发资金2.8亿美元左右,其中2011年投入达到历史新高,高达9300万美金,主要集中于人员招聘、基础设施投入及广告销售费用三个方面。在员工数量方面,新浪微博的开发团队从早期的新浪内部的600多人,高速增长到当前的1000人左右。微博用户和流量的激增,带来后端基础设施的巨大投入,2012年下半年随着新浪微博商业化的提速,其与广告销售相关的支出也明显增长。

从国外同类社会化媒体企业Twitter的发展道路来看,对人员成本的投入显然是未来实现微博商业化的必要条件;同时,对于基础设施的投资表明了未来微博将会迎来更大的流量与更多的应用。随着其商业化步伐的加大,微博中的广告销售所带来的合作伙伴费用也将逐步增加,未来随着其赢利模式的多样化,这一成本将会被进一步降低。

(三)管理团队

新浪作为老牌的互联网企业,其管理团队基本上以职业经理人为主,原有的创始人早已离开公司。作为Web1.0时代互联网媒体公司的杰出代表,其管理团队对于传统互联网媒体的运营有着深刻的理解。

1. 管理层MBO

2009年9月28日,新浪公司宣布,以新浪CEO曹国伟为首的新浪管理层,以约1.8亿美元的价格,购入新浪约560万普通股,成为新浪第一大股东。这意味着公司结束股权分散的状态,管理层成为新浪的实际控制者,这也是中国互联网首例 MBO。它的成功实施,表明了新浪管理层对于公司的整体信心。而伴随着 MBO 成功实施的恰恰是新浪微博业务的正式启动。

2. 微博团队

2009 年 7 月,经过一个多月的调研分析,新浪管理层明确了目标,下决心要做微博这个产品。微博战略的实施由新浪 CEO 曹国伟亲自主导,由两年前进入新浪、时任桌面产品事业部主管的彭少彬主持开发,新浪无线、运营两大部门积极配合微博事业部的工作,三部门的协同配合促使新浪微博以惊人的速度迅速推向市场。

3. 技术高管

2013 年 2 月新浪宣布,任命网易公司前首席技术官(CTO)许良杰为公司 CTO 兼联席总裁。许良杰将主管微博业务,并重点负责技术层面。许良杰的到来解除了外界对于新浪管理层缺乏技术背景高管的担忧,为未来实现微博产品的精准广告定位而组织开发出更为有效的产品,从而从根本上解决新浪微博的货币化窘境。此外,由于许良杰在国际著名 IT 企业思科及 eBay 均担任过技术要职,对于未来新浪微博后台处理大数据、深度挖掘和架构产品模型以及微博的内部搜索功能的完善都将有显著的推动作用,为新浪微博的最终单独拆分上市提供技术上的坚实保障。

笔者分析认为,早期的管理团队是新浪微博野蛮成长的必然选择,随着新浪微博的进一步发展,原有的技术管理团队缺乏对后台大数据的整合与驾驭能力,现有的技术储备将很难实现产品的根本性突破,随着用户及流量的持续增长,迫切需要一个拥有专业技术背景的高管制定未来的产品发展规划,从而保证新浪微博在移动互联社交媒体领域保持领先的竞争地位。

五、新浪微博成功的内部因素分析

(一)意料之外的事件

当新浪准备动手上马微博项目时,恰逢国内早期的微博网站由于缺乏媒体经营的经验而遭遇政府的关闭,也恰逢美国的 Twitter 在当时已经崭露头角并进入高速成长阶段,甚至美国总统的大选都要依赖 Twitter 平台的助力,因此新浪管理层立即下定决心,果断投入到微博产品的研发中去,抢在其他网站觉醒之前,率先推出自己的微博产品,并利用自己传统互联网门户的影响力进行营销,最终确立了自己的领袖地位。由此可见,新浪微博的成功与当时管理层的果断决策与对时机的良好把握密不可分,在看到国内先行者试水成功的基础上,利用其被整顿期间的时间差,果断出击,结合自己媒体运营的优势,将早期的竞争对手远远地甩在了后面。

(二)不一致的状况

新浪管理层早期并未看好微博项目,而是看好国外的社交网站 Facebook,因此,于 2008 年下半年投入大量的人力资源进行新浪内部的 SNS 项目"朋友"产品的研发。但随着该项目的不断推进,新浪的 CEO 曹国伟发现其 SNS 的特质与新浪网本身的媒体属性很难融合,新浪在此领域没有任何显著的优势可以同该领域的另一互联网巨头腾讯的相关产品进行竞争,因此,在看到国外 Twitter 的迅速发展之后,曹国伟认为其恰巧符合未来移动互联网产品的发展趋势,同时其自媒体的属性可以与新浪现有的媒体运营经验进行有效的结合,因此,曹国伟果断地停掉已经开发了一年的"朋友"项目,迅速组织相关人员,投入到新浪微博产品的研发中去,并最终取得了目前的成就。

第四章 国内主流社会化媒体商业模式分析

(三)独立程序的需要

当时 Twitter 在国外的发展势头正猛,其 140 个字节的移动互联网信息发布方式极为方便快捷,而国内早期的微博网站恰恰完成了对于中国微博用户的普及工作,中国对于新闻媒体的政府管制恰恰使 Twitter 无法进入中国,而国内的早期微博网站也由于缺乏媒体运营经验被政府关闭。因此,中国市场在短期内迫切需要一个独立的新的微博服务提供商来满足各类潜在用户的需求。新浪此时投入微博产品的运营恰恰填补了这一空白,并迅速获得成功。

六、新浪微博成功的外部因素分析

(一)认知的改变

移动互联网的时代已经来临,Twitter 的巨大成功吸引了大批用户的注意,传统媒体对于新闻及信息的加工处理方式已经使用户开始厌倦,用户迫切需要一种基于移动互联网的自媒体发布工具来满足自己在公众面前发表言论、彰显个性以及发布新闻的需要。新浪微博在其原有博客产品品牌的影响力的基础上,结合自己互联网门户网站的优势,利用名人示范效应,召集了一大批演艺明星及舆论领袖在新浪开通自己的微博,吸引了大批粉丝的关注,迅速将微博产品普及推广开来。

(二)人口统计资料

据易观国际 2011 年的一份统计数据[①]显示,新浪微博的主要用户

---

① 《2011 年 9 月中国主要微博网站用户年龄分布 搜狐更加"高龄化"》,http://www.enfodesk.com/SMinisite/maininfo/articledetail—id—299586.html。

为八〇后与九〇后的年轻人,他们大多是计划生育政策后出生的独生子女,性格上更加独立自我,喜好彰显自己的个性;他们更加喜欢接受新鲜事物,追踪各种娱乐、八卦新闻并与自己的偶像互动,尝试各种高新技术所带来的新奇体验。他们渴望拥有自己的言论发布平台。新浪微博的推出,正好迎合了这一群体的需求,其中的图片分享及上传功能更是满足了这些人对于时尚及消费的欲望,因此,微博的出现使其拥有了一个完全个性化的、彰显自我的个人发布渠道。这也是新浪微博之所以能够利用其传媒优势取得成功的又一重要因素。

(三)新知识

新浪微博出现的时代正是社会化媒体技术全面走向成熟并集体爆发的时代,基于Web2.0的各项技术已经完全成熟,以IOS、Android为代表的智能手机操作系统平台为移动互联网的各项应用开发扫平了道路。Facebook与Twitter在国外取得的巨大成功为国内的互联网企业树立了良好的榜样。新浪作为中国的传统互联网门户网站经营多年,拥有丰富的媒体运营经验以及互联网后台大型数据库开发运营经验,因此,新浪投入微博项目时由于知识创新所带来的不确定因素大大降低,使其可以大胆地进入这一全新领域中来,并迅速取得了目前的领袖地位。

总结

新浪微博从创立至今,已经走过了三年多的时间,凭借明星效应及民间舆论风向标的媒体运作能力,取得了当前在国内的领先地位。但是新浪微博在其长达三年的用户培养过程中,并未形成真正属于自己的商业模式。新浪目前正处于重要的战略转型时期,早期的快速增长为自己赢得了宝贵的领先时间,但是也暴露了很多问题,如缺乏技术方面真正具有运营社会化媒体创新型企业能力的领军人物,对于庞大的用户数据缺乏深度挖掘及处理经验,商业化的过程中还存在传统互联网媒体经营中的惯性思维模式,对于属于自己的正确的商业模式始终处于探索阶段。产品应用中的各种问题也开始凸显,如各项应用过于复杂,各种植入式广告导致用户体验下降,草根大V利用新浪微博发布各种虚假广告,名目繁多的收费模式导致用户反感等。为此,新浪管理层内部也进行了必要的调整,近期空降新浪的CTO就表明了新浪打破内部团队管理,引入外部新鲜血液,增强微博项目产品研发能力的决心。

笔者认为,作为社会化媒体的创新型表现形式,新浪微博在自媒体时代应当抛弃传统媒体惯有的大众传播思路,解除对于幅类广告这一单调模式的依赖,从自身的产品特点以及中国用户的内在需求出发,不断尝试新型的、以用户体验与深度互动为导向的广告模式;在用户付费方面应当采取谨慎态度,不要为了早日赢利而过早地对用户进行过度收费,关键在于提供真正符合用户需求的产品与服务,始终坚守"随时随地分享周围的新鲜事儿"这一根本的价值理念,以用户为中心,逐步摆脱早期依赖明星效应、缺乏用户间互动的尴尬局面,大量拓展以微博产品为中心的整体价值链上的相关利益合作伙伴,鼓励用户去尝试、去分享,从而将自己的产品打造成一个真正的开放式的生态系统平台,为未来的赢利奠定坚实的基础。

第二节 腾讯微信的商业模式分析

微信诞生于2011年1月21日,是由国内知名互联网巨头腾讯公司推出的一款基于移动互联网运营的集即时通讯与社交为一体的杀

社会化媒体商业模式创新研究

手级应用软件。用户可以通过在手机上安装软件实现与好友之间的各种语音、视频、文字、图片等内容的分享,所有的应用功能完全免费,而且使用的是网络数据流量,可以节约大笔的短信及彩信费用,因此推出后大受欢迎,不到一年的时间,注册用户数突破亿人大关,并有效地遏制了新浪微博持续上涨的风头,为腾讯赢得了移动互联网领域的绝佳入场券。

一、发展历史

微信的出现,源于2010年时任腾讯广州研发中心产品经理的张小龙注意到当时国外一款名为 KIK Messager 的即时通讯产品在 App Store 迅速走红,从发布不到15天的时间里,积累了高达100万的用户数,为此他给腾讯的创始人马化腾发了一封邮件,希望开发一款类似的基于移动互联网的产品,马化腾很快予以认可,并将该款产品命名为"微信"。与此同时,国内其他公司也注意到了 KIK 的崛起并着手开发同类产品。微信第一批成员不到十人,广州研发中心暂停了 QQ 手中邮这个项目,抽调来人手。微信支持 iPhone、Android 和 Symbian 三个手机系统,每一个平台两个开发人员,再加上几个后台人员就开始做了。当时目标是两个月做出来,2011年1月下旬,微信各平台版本陆续推出,开始和米聊、盛大 KIK 等类似产品争抢用户的手机界面。①

早期微信主要以发送免费的文字信息为卖点,通过捆绑 QQ 号的注册方式很容易就吸引了大批用户的关注。截至 2011 年 4 月底,短短不到三个月的时间,微信就积累了 500 万左右的注册用户,但是仅仅依靠免费的文字信息,显然无法吸引更多的用户加入进来。随着其

---

① 《微信进行时:厚积薄发的力量》,http://reteng.qq.com/info/15261.html。

后续创新性产品功能的推出,微信出现了三个大规模的激增转折点:第一个转折点是微信对讲功能的加入,第二个转折点是7月份发布了寻找附近好友功能,第三个转折点是10月份摇一摇功能和漂流瓶的加入。新功能的加入使用户的参与度与活跃度迅速提升,用户数量出现了大幅的攀升。随着通讯录导入功能的加入,微信逐渐摆脱原有QQ用户的束缚,形成了自己独立的产品受众群,并开始在海外市场崭露头角。截至2013年初,微信累计注册用户数量接近3亿人,目前支持15种语言版本,并遍及世界100多个国家和地区。

二、价值主张

微信产品之所以成为中国互联网企业唯一一款推向世界的产品,被《纽约时报》评价为"正积极尝试扭转中国本土互联网产品无法推向世界的命运",正是源于"微信之父"张小龙始终坚持从用户的角度出发,以产品为导向的核心价值主张,坚持做正确的事。为此,微信在用户快速增长过亿之后,顶住了早期商业化的诱惑,从而保持了用户数量全球持续稳定增长的良好势头,为其未来的发展打下了坚实的基础。

(一)价值内涵

微信的核心价值内涵其实就是"从人性的角度出发,开创了全新的移动沟通体验"。正如"微信之父"张小龙所言,"我们做产品要找到用户心理诉求的本质,产品规则越简单,越能让群体形成自发的互动"。因此,微信的核心价值是建立在用户的完美体验基础上的,从开发一款简单易用的移动交流产品的原则出发,随着用户体验的提升,不断完善其功能;功能的设置非常简单、实用,竭力追求用户操作的

"傻瓜化"。微信功能每一次升级都会带给用户新的惊喜,完全脱离了QQ给人的低端产品印象,从而吸引了大批高端用户的加入。

(二)用户参与

与新浪微博不同,微信从推出开始,就是一款强调用户之间互动的移动互联网沟通工具,从刚开始的即时通讯功能(IM),到后来的语音对讲功能,再到"摇一摇"寻找新朋友的功能,微信的出发点在于社交功能的体现,这与新浪微博强调新闻发布与舆论领袖的特点完全不同,微信用户间的互动更加频繁。由于微信是借助手机通讯录来识别好友的,这些好友在现实生活中与用户就是朋友关系,可以随时进行线上线下的双重互动,因此,用户的黏性更强。而且微信为用户提供了各项强大的分享工具,如音乐、视频、图片,用户能够想到的,微信几乎都能够提供。此外,微信相对于自媒体发布平台的微博而言,更像是一个私密的聊天室,朋友之间彼此相互了解,大家在同一语言背景下进行交流,不存在微博上极易出现的由于语境缺失而造成的误读现象。用户之间的信任度更高,更容易进行深层次的交流与分享,并形成线下的统一行动。随着微信各种基于用户体验的功能不断推出,用户的参与程度进一步加深,微信已经成为智能手机用户之间互相沟通的最佳体验方式。

1. IM功能

微信产品的早期基本功能,用户可以通过移动互联网进行即时的信息沟通。用户可以通过数据流量,使用文字交流、图片分享等功能,不需要额外的通信费用。该功能属于即时通讯的移动互联网版本,由于能够节省通讯费用而受到用户的关注。

第四章　国内主流社会化媒体商业模式分析

2. 语言对讲

类似于国外的 Talk Box 的功能，但是微信很好地将其整合在自己的产品功能中，在原有文字交流的基础上，增加了语音的对讲功能。它就像一个语音信箱一样，用户可以给对方留言，对方在收听后可以同样的方式回复，省去了文字录入的烦琐，又增加了人们沟通的乐趣，因此吸引了大批用户的加入。

3. 摇一摇

用户可以通过该功能找寻新的朋友。只需拿着手机摇晃几下，伴随着悦耳的来复枪上膛的脆响，用户就能够发现周围两三公里范围内，有谁也在同时摇动手机使用微信寻找朋友，并可以通过微信跟对方打个招呼，如果对方感兴趣就可以加你为好友，进行互动甚至面对面交流。通过该功能，用户能够跳出通讯录的束缚，找寻到陌生的新朋友，为其社交功能增加了很多新鲜的乐趣。因此，此项功能推出后，微信用户数量暴增，迅速突破了亿人大关。

4. 附近的人

通过手机内置的 GPS 定位功能，用户可以在周围一公里范围内搜索到有谁也在使用微信，见到感兴趣的人可以通过微信打招呼，如果对方回应就可以开始沟通。该项功能的开通同样也提供了寻找附近新朋友的可能，为微信赢得了大批热衷于社交拓展的用户。

5. 漂流瓶

源于微信团队开发 QQ 邮箱时的创意。用户通过该功能可以录下一段自己的语音或者写下一段文字放在一个漂流瓶里丢入"大海"中，然后通过捡瓶子的功能，系统会随机将其发到任意一个用户的微信中，如果该用户对其中的内容感兴趣，就可以通过回应与丢瓶子的用户进行交流,双方就有可能成为朋友。该功能将旧时人们的浪漫通过移动互联网的方式表现出来,并增加了交友的趣味性,因此非常受欢迎。

6. 语音输入

微信又一人性化的功能设置,用户可以自行选择是否开通,开通后,通过优异的语音识别产品,自动将用户的语音转化为文字录入,省去了打字的烦琐,非常适用于不经常打字的人群。

7. 视频聊天

基于移动互联网的又一强大功能,用户开通后,可以一对一地进行可视化聊天,相当于将 Facetime 的功能整合到了微信平台。

(三)用户管理

作为国内最领先的移动互联网社交产品,微信在用户管理方面做得非常简洁易用,充分考虑到了上亿用户的实际需求,使没有软件使用经验的人也很容易上手,这也是微信在国外同样受到热捧的主要原因。它对所有的用户都是一视同仁的,不会为某些特定的用户定制不一样的产品。用户可以很方便地上手,轻松地在好友列表中发起一对一的交流或群聊。微信公众平台的开通更是为用户与感兴趣的商家或个人搭起了一座桥梁,为其未来整合支付功能、实现商业化提供了极大的想象空间。

1. 注册管理

用户可以通过 QQ 号、电子邮箱及手机通讯录三种方式进行注册登录,QQ 号是其早期为了节约获取用户成本而采取的一种捷径,目前大家更倾向于通过手机通讯录的方式登录,这样登录后就可以很方便地与那些已经开通微信的朋友直接打招呼,进行互动。

2. Web 扫描登录

微信针对 PC 推出了 Web 在线登录功能,但是登录方式非常特别,需要用户将自己手机微信上的扫描功能打开,通过扫描网页上二维码的方式登录,这种独一无二的操作方式更加彰显了微信立足于移动互联网的野心,同时二维码扫描的功能将为其整合商业化资源打下坚实的用户基础。

3. 二维码扫描

微信强大的二维码扫描功能,可以识别与分类任何具有二维码的东西。用户可以用它来寻找好友,关注自己感兴趣的企业并有可能获得商家的打折优惠券;通过录入用户扫描的信息,微信可以通过后台处理工具对用户的社交行为进行数据分析与挖掘,它是微信未来商业化后用户必备的杀手级应用。

4. 通讯录安全助手

通过此功能,用户可以将其通讯录备份在微信的服务器端,即当用户手机出现损坏或丢失时,可以凭借此功能找回自己的通讯录。

5. 朋友圈

通过此项功能,用户可以查看自己所有朋友的各种更新状态,用户可以选择系统提醒更新状况或者不用提醒。用户自己随时查看,能够同时与多个不同的用户进行一对一的交流,简单易用。

6. 功能设置

此项功能的设计体现了微信用户体验第一的宗旨,相比新浪微博令人眼花缭乱的功能选择,它仅提供几个最基本的功能,对于与 QQ 及腾讯微博相关的功能并不放入默认的设置中去,由用户自行选择是否开通,充分表明了其产品的开放性以及对于用户体验的尊重。

7. 微信公众平台

这是微信从社交领域向微博领域渗透的关键产品,它的推出意味着用户与商家可以对等地在公共平台上发布各自的信息,通过相互关注建立沟通渠道,并进行公开或私密的交流。它意味着微信打破了熟人用户之间社交的局限性,架起了用户与商家之间的对等沟通渠道,为微信未来的商业化尝试迈出了坚实的一步。

三、价值构建

经过两年多时间的高速增长,微信现在正处于一个社会化媒体企业发展的关键时期,手中拥有3亿多的全球注册用户,微信究竟采取了哪些企业配置以及市场定位来确立其在移动社交领域的绝对霸主地位?下一步其关键行动应当如何进行?笔者将运用自己的分析模型来揭示其中的奥妙。

(一)市场定位

一个好的社会化媒体产品要想在市场上取得成功,精准的定位必不可少。微信的创立,恰恰抓住了3G时代,移动互联网的发展需要一个超越传统IM沟通工具的范式,飞信、QQ等还停留在传统的2.5G的运营思维当中,无法满足人们对于移动互联时代的即时体验与分享的诉求。同时,国外同类技术取得了相当程度的市场认可,KIK messenger、Talk box instagram等基于移动互联网的应用都迅速吸引了大量用户的注意。因此,开发出一个以IM为基础的移动互联网应用平台,并在此基础上不断试错,根据移动互联网发展的最新趋势增加各类创新的功能。为此,微信早期的1.0版本是基于移动互联网的能发照片的免费文字短信,紧接着将语音对讲功能作为2.0版本的主要突破,2.5版本结合LBS技术所提供的"查找附近的人"的功能将微信正式带入了社交领域,随后其3.0版本的"扫描二维码"及"摇一摇"的功能更是整合了社交与未来电子商务的功能。通过对用户心理及移动互联网潮流发展趋势的深入调研,微信在产品功能改进方面始终一步一个脚印,每次都能够在国内抢得先机并引爆用户的热情,准确地踩到了移动互联网发展的每一次节拍上,最终成长为国内移动互联网领域里最为火爆的移动通讯体验平台,并借助母公司QQ在中国互联网的资源优势,通过打通QQ邮箱、腾讯微信等重量级产品,形成自己的移动互联网生态系统。笔者认为,未来的微信将会成为中国移动互联网领域的Facebook,并主导整个国内移动互联网社交领域。

(二)资源配置

微信产品的开发并非由腾讯公司的嫡系研发部门打造,而是由其广州研发中心总经理张小龙提出设计申请并投入研发的,因此,其研发避免了照搬腾讯原先产品的设计思路,采取了全新的设计模式,研发团队的负责人拥有完全的自主权,可以拒绝任何来自总部的、被认为影响用户体验的功能设计要求。这也是马化腾对自己企业团体进行狼性文化培养的一个绝佳案例。通过扶植非企业核心开发团队开发产品,引发公司内部的竞争与忧患意识,增加原有QQ手机开发团队的危机感,从而鼓励公司内部的有益竞争与创新精神。同时,公司利用QQ产品所积累的庞大的互联网用户资源,为微信产品提供用户的绑定与导入服务,使其在产品开发的初期即以极低的成本获取了百万级用户的注册。目前腾讯内部已经将微信定位于服务企业及高端用户市场的独立的品牌,以此与手机QQ形成差异化的竞争优势,从而帮助腾讯谋求整个移动互联网社交及通信领域。因此,腾讯公司在资源配置方面给予微信部门全力的支持,仅2012年一年的时间,腾讯对于微信项目的投资就高达1亿多元人民币。

(三)核心行动

经历了两年多时间的超高速增长,目前微信已经进入相对成熟的时期,产品的各项主要功能都已经具备,积累了海量的用户,下一步的主要行动就是如何在保证用户体验不被降低的情况下,根据微信产品的自身特点,设计出一种新型的商业化模式,从而将用户的海量社交数据变为真金白银,最终体现出微信的商业价值。

1. 二维码扫描

微信于2011年推出基于二维码扫描的"扫一扫"功能,其原理是将手机用户的二维码作为身份识别码来使用,由此,微信就可以通过二维码技术将商家与用户整合在一起,使二维码成为媒体、商家同用户沟通的必然通道,即商家通过媒体来宣传,但是却需要借助微信的二维码识别工具来辨别用户身份并完成交易过程。微信成为电子商务过程中的一个必不可少的环节。

2. 微信公众平台的开放与运营

微信于近期开放的一个适用于个人与商家的公共开放平台,微信用户均可以平等的身份在该平台上出现,并互相关注,是微信联通公众与商家的一次尝试。目前由于商家利用用户的关注,推荐的信息过多,已经引起用户的反感,因而被微信叫停,限制为每天最多10条信息,不得通过朋友圈一键分享随意转发给所有的朋友。这也是微信自推出以来,最大的一次商业化试水,目前还在探索中。

3. 腾讯电子商务平台的打通

鉴于目前微信在移动社交领域一对一交流的极端便利性,腾讯公司正在将微信作为电子商务的核心战略平台进行对外开放与运营。2012年5月18日,腾讯调整了公司的组织架构,成立了腾讯电商控股公司(ECC),专注运营电子商务。就在ECC成立前三天,微信刚刚开放其API,而ECC成立之后,便针对生活电子商务与O2O业务组建了腾讯微生活团队。该团队成立之后所做的第一件事,便是推出了微信会员卡。可以看出,微信推出会员卡业务的本意,是想利用微信在CRM上对大企业大品牌的吸引力。①

四、价值体现

任何公司的最终价值体现必将表现为创造利润的能力,微信作为社会化媒体的新兴企业自然也不例外。经过两年的爆炸式增长,微信凭借自己的创新型产品拥有了高达3亿的注册用户。对于任何一家社会化媒体企业而言,3亿用户都代表着巨大的潜在商业价值。之前微信一直致力于完善产品的功能,对于商业化方面的任何举措都抱持"做有趣的产品比赚钱更重要"的观点,因而赢得了广大用户的心仪。随着用户数量的增长,巨大的运营成本与高昂的人员费用使其不得不直面商业化这一保证企业产品良性发展的必然选择。为此笔者从赢利模式、成本控制及管理团队三个层面,对未来微信产品的最终价值体现进行剖析与预测。

(一)赢利模式

目前,微信已经开放了自己的API接口以及微信公众服务平台账号,这充分表明了腾讯进行商业化试水的决心。虽然目前还未取得重

---

① 《微信变身大史记:从IM到电商腾讯帝国新时代》,http://reteng.qq.com/info/21092.html。

大的进展,但是凭借"企鹅帝国"一贯强大的资源整合能力及内容变现技巧,未来微信实现赢利只是朝夕之间,关键是如何在保证赚钱的同时避免用户由于体验的下降而出现大量的流失。为此,笔者结合微信产品的优势与特点,深入分析了其现在及未来可能采取的赢利模式。

1. 会员卡业务

这是目前微信进行商业化试水的主要方向,它通过用户手机二维码的设定与认证为用户定制了一个基于微信的电子身份证,凭借自己巨大的用户规模优势与商家展开OTO方式的合作,线上支付,线下凭借二维码进行实际消费并享受打折服务。如此一来,所有的用户均拥有了一张电子的微信打折卡,用户与商家可以实现双赢,腾讯则可以根据商家的实际销量收取相应的服务费,为此,腾讯成立了电子商务控股公司(ECC)专门负责运营,未来还可以开展团购等各项业务,赢利空间巨大。

2. 公众平台的开放与运营

笔者认为,就微信自身的特点而言,它并不适合做广告推送的运营,但是公众平台的开放给了企业与个人平等交流的机会,企业可以在其微博上留下微信账号,方便用户进行定制;同时,企业应将微信公众号打造成专业化的客服平台,通过专家咨询的方式向用户收费,回复各类用户的问题。微信通过向企业公众号收取相关的服务费用赢利。

3. CRM企业级应用

微信最大的优势在于其一对一的私密沟通与交流,因此,非常适合品牌企业用来作为CRM的沟通工具。用户可以通过微信与企业建立一对一的独立关系,通过微信公共平台,企业可以将自己的产品与服务推送给用户,用户也可以直接通过微信了解甚至购买企业的产品。微信可以针对企业开发专业级的业务服务平台,方便企业对其微信客户进行统一管理,了解其购买习惯与潜在需求,微信则按月收取企业客户的服务费用。

4. 整合财付通

微信目前已经成为最为普遍的移动沟通平台应用,而腾讯的在线支付产品财付通一直被支付宝所压制。将财付通与微信平台进行整合,就可以利用微信庞大的用户群资源直接进行移动网上支付,使财付通在移动支付市场上抢得先机,并带动腾讯拍拍网上商城的发展,改变目前淘宝在电商市场上一家独大的格局。2013年8月9日微信5.0版本正式发布,该版本中微信支付作为一个亮点功能正式上线,表明微信已将财付通的相关功能整合到自己的平台上。2014年春节,微信率先发起抢红包游戏。1月28日下午,"新年红包"的图标第一次出现在微信"我的银行卡"界面中,6亿多用户可以直接进入微信红包的页面发红包。当天下午四点左右,"新年红包"图标首先在微信的诞生地广州出现,随后的四个小时中,逐渐蔓延到中国其他主要大城市,再到二、三、四线城市,直至全国。① 一夜之间,移动支付的窗口就掌握在了微信的手中,2015年春节爆发的微信与支付宝之间的红包大战,更是以微信的完胜而告终。微信支付的开通,为微信打造自己的商业生态系统打开了潘多拉魔盒。

5. 游戏增值服务

微信的全球竞争对手——日本的Line公司推出针对女性用户的个性化的贴纸服务(用户付费购买各种贴纸表情),仅此一项,月收入就高达2000多万元人民币,同时Line还针对贴纸表情进一步开发了

---

① 《独家揭秘:微信红包前传》,http://www.cnbeta.com/articles/272510.htm。

各种相关的在线游戏,在增强用户黏性的同时,赚取了高额的收入。同样稳居国内游戏运营业务首把交椅的腾讯,自然不会放过这一互联网最赚钱的金矿。腾讯拥有成熟的运营 QQ 在线游戏的经验,下一步无非是根据移动互联网用户的特定需求,开放平台,鼓励第三方游戏开发商入驻提供游戏,微信直接分成。微信 5.0 版本一经发布,其经典手游"飞机大战"立即引发了全民打飞机的热潮,由于其增加了好友之间的分数排行,使得人们的参与热情高涨。如今游戏已经成为微信的一个重要的运营平台。

6. 第三方应用软件分成

微信可以充分利用自己的用户优势,开放自己的 API 接口,鼓励第三方的软件运营商在平台上开发各种应用,用户根据自己的需要自行下载,然后通过广告或用户付费的方式与开发商进行分成。

通过以上对赢利模式的描述,笔者认为,微信的特点与优势在于一对一的个性化服务方式,而在一对多的媒体属性方面,显然不如微博更为商家所偏好,因此,微信未来的赢利模式应当以精准营销与增值服务为主。微信显然在 IM 方面的属性更强一些,因此更加适合作为沟通与客服的工具。与微博服务进行整合,将为腾讯打造整体的互联网生态系统创造全新的竞争优势。

(二)成本控制

相对于同等体量的开发项目而言,腾讯广州研发中心的微信研发团队在张小龙的带领下,将整体成本控制得非常好。对于互联网公司而言,最大的成本就是人员开发成本。微信开发初期,张小龙仅仅动用了 10 名研发人员,分别负责 IOS、Android 以及 Sybian 三个主流手机操作系统的产品研发,每个平台配置两名研发人员,用了一个多月

第四章 国内主流社会化媒体商业模式分析

的时间就完成了微信1.0版本的研发工作。之后,随着微信用户不断增长,腾讯逐步将新的研发人员投入到锁定目标后的新功能研发中去,坚持将简约易用的用户体验放在首位,坚持做减法,对于产品负责人认为没有必要的功能,绝不投入资源进行开发,因而节约了大量的不必要的研发投入。到目前为止,微信的整体研发团队只有200多名成员,远远少于国内外同类产品的人员投入。在运营及服务器方面,由于微信的用户增长极为迅猛,因此2012年腾讯公司投入巨额资金进行了带宽及服务器的升级改造工作,仅服务器一项就新投入了上千台。但是带宽与服务器的升级表明了用户的活跃程度与增长空间,微信项目的整体成本控制得非常好。

(三)管理团队

微信的管理团队是中国互联网企业中罕见的,完全以用户的体验与产品的设计为中心的研发管理团队。团队的负责人是时任腾讯广州研发中心总经理的张小龙。张小龙是国内互联网界传奇式的开发人才,早期曾经独立研发了中国最好的邮件系统管理软件Foxmail,后来随着腾讯的一次并购,加盟腾讯公司并带领团队开发出了腾讯的QQ邮件系统,以及广为人知的漂流瓶功能并成功移植到微信中来。作为中国最顶尖的产品设计经理,张小龙在2012年底获得了美国《华尔街日报》评选的中国创新人物,表彰其在微信领域吸收竞争对手优点的基础上,所进行的创新与全面超越。与此同时,作为腾讯公司的CEO,马化腾给予了微信管理团队极大的自主权,至今未给团队设立KPI考核指标,虽然广州团队非QQ的嫡系团队,但是腾讯将其作为移动互联网领域的创新项目来对待,即便是同手机QQ业务形成竞争也在所不惜,因此,早期的宽松环境加上顶级的开发设计人才以及腾讯在互联网领域无可撼动的用户地位,造就了微信当前的成功。

未来,随着微信产品主要功能的不断完善,微信的用户数亦将步入稳定增长阶段,以腾讯公司管理团队新近调整的架构而言,微信将超越手机QQ成为未来腾讯在移动互联网的主要平台。

五、微信成功的内部因素分析

(一)意外的成功

微信的成功源于微信创始人于2010年对国外的一款免费短信软件在一个月内狂揽百万用户的关注,他敏锐地认识到其背后蕴藏的巨大商业机遇,果断请示高层投入人员研发,在研发的过程中并未一味地仿照国外的成型模式,而是在原有的基础上进行功能创新,在产品的研发上采取小步快跑的策略,不追求一次研发出完美的产品,只求一次完成一项使产品趋于完善的功能,不断地发现国外同行成功的应用并通过创新的方式整合到自己的产品中去,最终打造出微信这一目前较为成熟的移动互联网通信平台产品,并赢得了世界范围内的认可。

(二)市场结构发生变化

微信的成功背后还隐含了一个巨大的市场机会。随着移动及社交网络的兴起,软件巨头微软公司于2012年9月宣布将于来年3月15日正式关闭即时通讯服务MSN。除中国内地之外的全球用户将被转至微软2011年收购的网络视频及语音通讯服务Skype。[①] 虽然中国内地宣布继续支持MSN的运营,但是微软的退出对于此类用户的

---

① 《微软称MSN不退出中国市场》,http://news.xinhuanet.com/tech/2013-02/20/c_124365960.htm。

信心造成了极大的冲击。微软的退出为 IM 市场留下了极为优质的用户资源,中国的 Message 市场长期把控高端的用户人群,而此类用户对于 QQ 的品牌认同度非常低,微信的推出以及其类 MSN 风格的设计、简单易用的操作风格立即引起了这一人群的好感,一举为腾讯囊括了其长期窥伺的移动互联网高端群体,为其未来的商业化布局奠定了极为有利的地位。

六、微信成功的外部因素分析

(一)认知的改变

随着移动互联网及社交概念的不断普及,互联网的入口已经从 PC 端向智能手机转移。中国工业和信息化部发布的数据显示,截至 2012 年 11 月底,中国手机用户人数达 11.04 亿,较上年年底增长了近 1.18 亿。3G 手机用户人数达 2.2 亿,大约占手机用户总人数的 20%,移动互联网用户人数由 1.11 亿增长到了 7.5 亿。[①] 微信简单而又人性化的设计功能赢得了各类移动互联网用户的青睐,尤其是其语音对讲及语音录入功能,更是受到畏惧打字的大龄人士的欢迎,而微信私密的、注重一对一沟通的社交方式,更加符合人们保护个人隐私的心理。因此,微信的用户几乎涵盖了所有年龄段,尤其是三四十岁左右的人群,他们拥有很强的消费能力与独立的自我判断能力,是微信未来进行商业化布局的最佳战略所在。

(二)新技术

微信的成功开发可谓是移动互联网时代各项新技术成熟运用的

---

① 《2012 年中国移动互联网用户数增长至 7.5 亿》,http://mobile.163.com/12/1226/10/8JL41P2G001166IG.html。

综合体现。初期的免费短信与免费图片分享是传统 PC 技术在移动互联网平台的延伸；语音对讲功能实际上是将录音功能整合到多媒体传输中去；广受欢迎的"附近的人"及"摇一摇"功能实际上就是基于 GPS 服务的 LBS 功能的应用开发；语音录入的功能则是对于当前最新语音识别软件的功能整合。微信的成功体现了其开发团队对于当前各类互联网应用的高超集成能力以及对于用户产品体验的深度把握。与此同时，微信背后的母公司长期占据中国互联网应用的霸主地位，其拥有的数亿用户的大数据搜集与开发经验以及对于用户需求的各种高超变现能力更是支持微信产品迅速成功的核心所在。

总结

微信作为中国互联网的巨头——腾讯公司所开发的，最具杀伤力的移动互联网应用平台型软件产品，一改 QQ 给人的低端、扰人的不利形象，为其树立了全新的简洁、易用的高端产品地位。随着用户数量在全球的稳步增长，微信将逐步确立在中国移动互联网社交领域的霸主地位，并会逐渐面对海外客户的竞争。与此同时，微信的商业化步伐已经迈出，公共账户平台的开设以及二维码扫描的设计均彰显了其掘金移动互联网市场的雄心。笔者认为，微信在其商业化过程当中应当看清自己的长处，充分发挥自己一对一的社会化媒体的特殊属性，专注于平台的搭建与生态系统的架构，以开放的姿态拥抱第三方开发商的进驻，充分发挥移动互联网精准、个性化的服务特点，与微博等产品形成优势互补。如此，微信必将为腾讯缔造移动互联网领域的新帝国，成为中国移动互联网产品走向世界的杰出典范。

第四章 国内主流社会化媒体商业模式分析

第三节 优酷网的商业模式分析

优酷网作为国内视频网站的第一品牌，是由搜狐公司原总裁、中国互联网界著名的职业经理人古永锵于 2005 年创办的，从早期模仿美国的 YouTube，走 UGC 的路线，到后来引入 Hulu 模式购买大量的正版视频，最后又学习美国的 Netflix 的模式进行收费视频点播的尝试，优酷网善于把握市场上出现的任何新的机遇并加以尝试，最终在 2010 年年底率先登陆美国证交所市场，成功融资 2.33 亿美元，当日市值超越搜狐，成为中国第一家赴海外成功上市的视频网站。

一、发展历史

2005 年 11 月，离开搜狐的古永锵以 300 万美金的启动资金创立了合一网络公司，准备投资未来互联网中最具潜力的项目，经过长达半年的考察，古永锵认为 YouTube 在美国取得的成功令人印象深刻，视频播放必将成为下一个互联网发展的趋势。2006 年 6 月 21 日，优酷网开始公测，早期的优酷走的是 YouTube 的路线，其口号是"拍客无处不在"，倡导人人都可以将身边有趣的事情用摄像机录下来并传到网上，开创了国内拍客文化的先河。

随着国内对于视频网站版权管理的加强，2008 年 6 月，优酷以合计划为导向，联手 500 余家媒体合作伙伴，展开资源整合和内容拓展，推动网络视频步入正版化，引领行业进入互联网电视时代。此外，优酷还是唯一一家获得广电双证的商业网站，意味着优酷已经成为正版影视节目发行、传播和营销的合法平台。当年，将近 500 家国内外一线品牌选择优酷开展营销推广，其营销价值得以充分彰显。

截至 2010 年,优酷网成功完成共计 1.6 亿美元的世界级风险融资,其中包括国际性投资机构 Bain Capital(贝恩资本集团)旗下的 Brookside Capital LLC、硅谷历史最悠久的风险投资公司 Sutter Hill Ventures、世界上最大的投资基金之一 Farallon Capital 和中国本土唯一的常青基金 Chengwei Ventures(成为基金)以及 Maverick Capital 等五家投资机构。2010 年 12 月 8 日,优酷网在纽约证交所正式挂牌上市,发行价 12.8 美元,市值一度接近中国互联网第一门户网站新浪网。2012 年 3 月 12 日,优酷股份有限公司和土豆股份有限公司共同宣布双方于 3 月 11 日签订最终协议,优酷和土豆将以 100% 换股的方式合并。至此,合并后的优酷占据了中国视频门户网站近半壁江山,遥遥领先其他竞争对手。

二、价值主张

优酷网作为中国视频门户网站的第一品牌,以视频分享为基础,开拓三网合一的成功应用模式,其内容涵盖了 UGC(用户生产内容)、长视频播放、电视台及娱乐频道内容播放、专业机构制作等各个方面,系统终端覆盖了从 PC 到移动互联网终端的各个类别,并为用户浏览、搜索、创造和分享视频提供最高品质的服务。

(一)价值内涵

优酷网在创立初期就提出了"快者为王"的口号,注重用户的体验,因为在互联网视频播放中,用户是通过浏览器直接点击播放的,因而无法容忍长达半分钟的无法打开视频的现象。优酷网抓住了网络视频用户的最关键的需求——保证视频播放速度,在技术研发及软硬件投入方面下了很大的功夫。用户在优酷的网站上直接点击就可以

第四章　国内主流社会化媒体商业模式分析

打开各种流媒体格式的文件,非常方便快捷。这也是优酷的核心竞争优势。优酷以"快者为王"为产品理念,注重用户体验,不断完善服务策略,其卓尔不群的"快速播放,快速发布,快速搜索"的产品特性,充分满足了用户日益增长的多元化互动需求,使之成为国内视频网站中的领军势力。①

(二)用户参与

优酷网在创立之初,完全采用 YouTube 的创业模式,强调拍客文化,主张用户自己拍下身边的各种有趣的事情以及各类突发事件,其傻瓜式的操作以及便捷的上传方式,在短期内吸引了大批用户注册,并上传了大量的视频资料。2007 年 3 月 4 日,优酷网友以"手机直播"的形式,记录了沈阳大雪的场景,真实展现了雪灾后人们积极、乐观的生活态度,该视频短片经中央电视台《社会记录》栏目作为素材采集之后,取得了极佳的传播效应;②2007 年 8 月 8 日,"优酷狂拍客!中国一日 24 小时主题接力"启幕,活动倡导"拍客无处不在"的都市新娱乐新时尚——拍客文化,并通过各类拍客明星的精彩演绎,诠释新"拍客"的视频时代标签内涵,成为 2007 年中国网络视频界的年度震撼之作,为优酷网赚足了媒体的眼球,迅速成为视频网站的标杆企业。

1.视频搜索

优酷的所有视频搜索均可使用其网站的专业搜索工具——"搜库"(soku),用户只要输入所要查找的关键词,就能找到自己想要观看的视频。搜索结果以小窗口的形式排列出来,下方有概要说明,非常

---

① 百度百科"优酷网",http://baike.baidu.com/view/620774.htm#2。
② 《优酷狂拍客!中国一日 24 小时主题接力 优酷网重磅出击打造视频新"拍客"》,http://www.youku.com/about/cn/news_youku_view_31.html。

方便用户查找。视频搜索是未来互联网搜索的一个发展方向,优酷在此方面拥有较强的技术储备。

2. 视频上传

注册用户可以很方便地使用优酷提供的视频上传功能,目前优酷几乎支持所有的主流视频媒体的播放格式,并提供转码功能,用户可以在上传时将自己的视频资料转化为相对主流的播放格式,以供大多数的用户在不同的终端观看。

3. 视频下载

注册用户可以享受免费下载视频的待遇,主要限于各种非付费播放的热播影片。用户可以将其下载在本地的电脑或移动设备终端上,用于外出时离线播放。

4. 用户看吧

相当于视频社区的功能,用户可以通过"搜索看吧"的功能来寻找自己感兴趣的主题。优酷会列出相关的主题论坛,用户可以根据自己的喜好点击观看,并发帖子参与相关主题的讨论,主要目的是为了增强用户的黏性及互动性。

5. 二维码扫描

目前优酷在PC端视频的下方提供了二维码扫描功能,用户可以通过手机的二维码扫描软件,如微信自带的二维码扫描功能,将视频的链接直接扫到手机中,通过移动互联网进行观看。

6. 视频分享

目前优酷在每一个视频的下方都提供了一个分享的链接,可以将视频分享到国内几乎所有的主流社交网站,成为优酷打通社会化媒体平台、为自己导入流量的关键所在。

第四章　国内主流社会化媒体商业模式分析

7. 踩与顶

优酷提供了一个非常形象化的小图标来统计用户对于所观看视频的感受,用竖起大拇指的图标表示支持——"顶",用相反的手势,即大拇指向下,表示反对与讨厌——"踩",用户只需点击二者其中之一,就可以非常直观地表达自己的观点。

(三)用户管理

优酷由于采用基于 Web2.0 技术的视频分享模式,因此,为会员提供一个灵活方便的管理工具,使其可以对自己浏览及上传的各类视频以及参与的各项评论与互动进行有效的管理非常重要,这决定了用户的体验,为此,优酷专门为用户量身订制了各种专业化的管理工具,方便用户管理的同时也进一步丰富了自己的视频内容与用户偏好的后台数据库。

1. 个性化主页

优酷网的用户在登录后,可以进入自己的个人主页,在这里,你可以对自己的主页进行个性化的定制,定制自己感兴趣的频道,关注好友的视频更新。主页中间是优酷为用户推荐的各类视频,右上角是用户的账户状况,账户下方是用户曾经浏览过的视频列表。

2. 影视动态

用户观看任何影片,简介下方均有一个关注按钮,类似于微博的功能,用户点击后即可自动更新该影视作品的最新状况,同步在用户的影视动态菜单中,用户下次可以直接点击观看影片的最新进度,无须再次寻找。

3. 我的收藏

方便用户管理自己感兴趣的视频。用户可以通过此功能收藏自己感兴趣的视频,点击该视频下方的收藏按钮,即可将链接保存在"我的收藏夹"中,用户可以随时点击续看,非常方便实用。

4. 我的关注

主要用于个性化的频道定制,用户可以关注某个播客的视频,对其更新的状态进行实时关注,随时提醒用户观看。

5. 数据统计

优酷网在每一个视频下方均设有一个小按钮,直接显示该视频的浏览次数。如果用户想知道详细的信息,可以点击进去,将会弹出一个下拉的菜单,上面列示着更加详细的统计资料,包括通过新浪微博等外部链接观看的用户数量等,非常方便用户对视频进行直观评估。

6. 优酷会员

主要针对付费会员设置,用户只需按月缴纳一定的会员费用,就可以包月免费观看很多优酷的正版大片,其中多是最新热播的影片,并且没有广告的骚扰。目前分影视会员与增值会员两档,相当于VIP会员与普通会员,前者享受观看免费大片的待遇。

7. 我的空间

用户可以利用"我的空间"功能搭建自己的个性化视频发布平台。用户可以将自己所有上传的视频放在"我的空间"中进行统一管理,并通过优酷提供的主题分类对自己的产品进行相应的归类与说明,方便其他感兴趣的用户浏览与订阅。

三、价值构建

(一)市场定位

优酷网的市场定位随着视频网站发展格局的变化也在不断地调

整,早期的优酷网同国内大多数视频网站一样,看好美国 YouTube 的发展模式,将自己定位为中国的 YouTube,并率先在国内倡导拍客文化。随着 YouTube 被收购后遇到一系列的版权纠纷,并且始终无法将流量有效转化为资本,以及海外主打正版视频的 Hulu 模式出现,优酷网也及时调整了自己的市场定位,以 UGC＋Hulu 的模式重新包装定位自己,采取正版长视频播放与用户生产内容并举的方式,同时还发力资助中小机构进行专业视频节目的制作,避免对于外来影视内容的过度依赖。目前,随着优酷的上市及成功并购土豆网,优酷已经成长为中国最大的网络视频综合播放平台。优酷目前提供从电视到手机的全套视频终端解决方案,内容涵盖了从原创到专业影视机构的各项内容制作,成为中国视频网络的第一门户网站。

(二)资源配置

1. 品牌效应

优酷网目前在中国的视频网站的市场格局中,牢牢地占据了第一品牌的位置,尤其是经过了 2012 年 3 月对土豆网的并购。后者占据国内视频网站市场第二名的位置,二者的合并形成的垄断效应将吸引更多的商家来优酷投放广告。根据优酷 2012 年底财报显示,合并后公司的整体净收入于 2012 年第三季度达到 5.022 亿元人民币(美元 7990 万元),其中优酷的净收入为 4.835 亿元人民币(美元 7690 万元),较 2011 年同期增长 84%,超出上季度公布的业务预期上限。净收入增长主要来自广告商平均广告投入从每家 100 万元人民币增长到每家 170 万元人民币,而广告商数目也从 296 家增长到 316 家,两者较2011年同期分别增长70%及7%。①

2. 带宽优势

优酷与土豆分列中国视频网站的前两名,二者原本的带宽优势都非常明显,合并后,资源的共享为用户带来了更好的服务体验。同时,随着内容的不断扩充,优酷土豆在带宽上的投资继续加大,仅2012年第三季度的支出就高达1.129亿元。高额的投入未来必将为优酷土豆带来更大的广告回报。

3. 技术优势

目前,优酷土豆几乎支持所有的流媒体播放格式,在完善的技术平台支持下,优酷网已成为国内在线观看流畅率最高的视频网站。目前优酷拥有由电信行业资深专业人士规划设计的,完全自主管理和控制的遍布全国的视频CDN网络,拥有很多业界独有的CDN控制调度软件,相比一般CDN厂商广泛采用的智能DNS技术,这一技术调度准确度更高,收敛速度更快,而连接错误却最少。同时,其自主研发的高性能流媒体服务器软件能保障服务器有很好的吞吐能力,与竞争对手相比,即使是同样的服务器硬件配置,吞吐量也远远领先。② 针对中国复杂的电信环境,优酷有着精确到二级城市的流量监控和调配系统,通过自建与合作相结合,打造了业内最便捷、最精确、最流畅的内容分发系统,保障优酷网成为国内在线观看流畅率最高的视频分享网站。占公司总人数60%以上的资深技术人员,辅以专业的用户体验(UE)及用户界面(UI)工程师,有效保证了页面及内容以最新颖、最简

---

① 《优酷土豆第三季净亏1460万美元》,http://tech.sina.com.cn/i/2012-11-30/06007844904.shtml。
② 《技术优势助力优酷网打造中国第一视频网站》,http://article.pchome.net/content-582503.html。

捷、最及时的方式,送达用户眼前。① 优酷土豆近期的财务报表显示,公司在移动互联网及社交领域又招募了大量的技术人员从事相关软件的开发工作,而早期土豆在移动互联网领域所积累的技术以及视频压缩与网络加速技术,将为未来优酷土豆在移动互联网领域的拓展打下良好的基础。

4. 资金优势

优酷网拥有世界级的风险投资支持,是国内视频领域屈指可数的获得1亿元人民币以上投资的网站之一。投资方包括硅谷历史最悠久的风险投资公司Sutter Hill Ventures,世界最大投资基金之一、目前全球管理资金超过160亿美元的Farallon Capital,还有中国本土唯一的常青基金Chengwei Ventures。这些投资机构实力强劲,其共同特点是资金雄厚,具有远见卓识,为优酷网稳健、有序、长远的发展战略提供了充足的弹药。优酷、土豆是国内仅有的独立在美国上市的视频网络公司,二者合并后,优酷土豆目前手中握有高达38亿人民币的充裕现金流,随着合并效应的凸显及未来网站在移动互联网领域的发力,优酷土豆有望在新一轮的市场竞争中继续保持领先优势并率先实现赢利。

5. 版权成本优势

优酷及土豆曾占据国内视频市场头两名的位置,早期为争夺版权内容打得不可开交,造成了版权价格的极度飙升。二者合并后,内容实现共享,同时与搜狐等业内公司达成内容合作,使得版权的价格持续走低,为公司的运营节约了大量的成本。

---

① 《技术优势助力优酷网打造中国第一视频网站》,http://article.pchome.net/content-582503.html。

(三)核心行动

1. UGC 平台搭建

早期优酷及土豆均将自己定位为 UGC 内容分享网站,因此二者在此方面投资巨大。优酷早期在国内发起了拍客文化运动,并创建了以鼓励拍客文化为主的达人会员级别,对于上传自制视频多的用户给予达人称号并细分为不同的级别,同时对视频的播放与评论进行综合的网上排名,从而吸引更多的拍客加入。土豆网更是始终鼓励个性化视频的制作,其于 2008 年创立的"土豆映像节"已经连续举办了 5 届,吸引了中影集团于 2009 年加入,是目前国内最具影响力的互联网视频创意文化品牌。二者的结合必将垄断国内 UGC 视频播放平台,在独立内容制作领域为其奉献更加专业化的内容产品。

2. 内容平台的整合

优酷网早在 2007 年就认识到版权问题的重要性,并于 2008 年启动了优酷"合计划"系列行动。2008 年 6 月 11 日,优酷对外正式宣布"合计划"诞生;"合计划 1.0"的发布,使得优酷与上百家媒体合作伙伴建立联盟,版权合作战略轮廓初步形成;2008 年 11 月 11 日,优酷"合计划 2.0"携 300 余家媒体合作伙伴、1500 余家电视剧制作单位,签下当时 80% 市场流动版权,改写电视剧产业规则;2009 年 2 月,优酷率先播出《我的团长我的团》,引发行业热播剧场营销新模式;2010 年 4 月 8 日,优酷"合计划 3.0"亮相,开启版权合作规模化新时代。同时,优酷还最早提出了影视剧连播合作机制,通过三年的发展,优酷完成了平台上的各项内容整合,将自己打造成一个全方位的视频网络内容平台。

第四章 国内主流社会化媒体商业模式分析

3. 营销队伍的建设

目前,优酷网已经在北京、上海、广州三地分别设立了总部及两地的分公司,其在一线城市的市场营销已经接近饱和状态,未来必将进军二三线城市的区域广告市场。随着优酷2013年2月宣布资深营销专家杨伟东加盟并担任总裁,优酷未来在营销方面将会有更大的增长空间。

4. 布局移动互联网

优酷从早期就开始进行移动互联网的布局工作,目前其客户端已经涵盖了所有当前主流的手机厂商及PAD终端。优酷发布的最新统计数据显示,2013年新年伊始,来自其移动终端的日视频播放量(VV)已率先突破1亿;2012年来自移动终端的流量迅猛增长,截至2012年年底移动终端流量已经超过优酷土豆总访问量的20%。[1] 同时,二维码扫描技术的应用,使用户可以方便地将PC视频转移到手机中去,实现多屏共享。移动终端广告效果优于PC终端,优酷土豆集团董事长兼CEO古永锵预期,"移动过亿"将开启2013年移动视频商业化元年。

5. 云平台构建

优酷投入巨资进行了后台的大数据开发,于近期投入使用,实现了"多屏合一"的梦想,如今,不论登录用户使用何种终端观看视频,基于大数据的云平台技术都可以读取用户在其他终端上的观看记录,包括视频记录和进度记录。云平台的构建进一步增强了优酷的跨平台运营实力,为其未来的收入增长奠定了坚实的基础。

---

[1] 《优酷的大时代:大剧战略布局大平台》,http://www.domarketing.org/html/2011/brand_1010/326.html。

6. 自制剧

在高成本的压力下,各主流视频网站纷纷进入自制剧领域。多元化的节目形态,不断探索创新的制作模式,使得优酷为中国互联网用户量身打造的多部作品——从《嘻哈四重奏》《11度青春》《泡芙小姐》到《幸福59厘米》,都取得不同凡响的成绩,引领了视频行业的自制潮流,开启了一个视频网站自制节目的全新时代。《老男孩》更以超过3500万的播放量,在社会上引起巨大的舆论反响。①

四、价值体现

优酷已经上市两年多的时间,至今尚未实现赢利。从优酷的公开财报来看,带宽与内容成本依然是影响其赢利的主要因素。从赢利模式来看,优酷目前主要还是依靠广告收入这一单一的赢利模式,其收入增长的主要原因在于合并后,其品牌的价值在国内视频网站的广告客户中排名第一,因此广告费用也从过去的平均每位客户100万元上涨为每位客户170万元,但是笔者认为,从土豆惨淡的销售收入来看,很可能是后者的收入都流向了优酷。因此,笔者认为,随着互联网的入口逐渐从PC端转到移动互联网终端,优酷应当开拓新的赢利模式,避免单一赢利模式所带来的上涨空间限制。只有在移动互联网领域发现新的商业模式,才能够为未来的赢利找到真正的方向。为此,笔者从赢利模式、成本控制及管理团队三方面对优酷当前及未来的发展做出具体的分析与预测。

---

① 《优酷的大时代:大剧战略布局大平台》,http://www.domarketing.org/html/2011/brand_1010/326.html。

第四章 国内主流社会化媒体商业模式分析

(一)赢利模式

1.当前赢利模式

(1)视频内置广告

这是目前优酷网站的主要赢利来源,占到90%以上,主要模式为优酷将各品牌厂商的广告插播于即将播放的视频内容前,强制用户观看。在视频播放暂停时,也会弹出一个广告窗口,用户如果对广告感兴趣,点击一下就会转到广告商的网站,可以进一步了解产品。

(2)主页广告

主要分为主页与频道主页、排行榜主页及视频播放主页多种类型,在优酷网及其主要频道的主页上,留有一些显著的位置,作为广告的投放专栏,客户可以根据喜好购买该位置的广告,广告形式以图片为主。

(3)网台联动

目前优酷通过热播电视剧的上线,与电视台进行合作,实现台网联动,引发网友对剧中内容的讨论,并与主创团队展开互动,增加关注程度,促使广告商在线上及电视上联合投放广告,从而获得更高的曝光率与更好的营销效果。网站可以通过个性增值服务收费。

(4)付费点播

优酷开通了正版大片付费点播服务,将近期热播的高清大片放在网站上,用户如果观看,需要付费点播,一次5元,有效期为3天,用户可以在此期间不限次数在各个终端观看。但用户习惯了免费观看,加之又有其他盗版的片源,因此收效甚微。

(5)会员收费

优酷开辟了会员付费服务,用户只需每月付15元或10元就可以享受无插播广告的会员待遇,其中前者还享受付费大片免费观看的待遇,后者则享受点播大片半价的优惠。由于国内用户已经习惯了免费的播放模式,目前付费会员数量不多,但是,未来还有很大的增长空间。

2. 未来的赢利模式

这是笔者根据目前移动互联网的发展趋势,结合优酷本身的社会化媒体的特质,为其设计的未来赢利模式,以供参考。

(1)企业官方频道

优酷可以与新浪微博合作,共同为企业打造个性化的官方视频频道。企业通过在新浪微博开设官方微博,随时发布最新的企业资讯,并将详细的内容放入优酷企业频道,用户可以通过微博进入优酷频道观看,优酷与新浪共同收取企业的服务费用。

(2)移动包月收费

同各大电信运营商合作,利用手中的优质内容资源提供增值服务,具体可参照中国移动推出的手机电视服务,用户花费10元即可包月定制,不计流量,并可实现手机与互联网账号通用,从而吸引大批的移动互联网用户定制服务,推动付费用户数量的增长。

(3)按次点播

早期移动服务商推出的付费彩铃业务,为按次付费打下了坚实的用户基础,因此,对于移动互联网用户进行按次收费,不计流量,然后跟运营商分成将是一种很好的赢利模式。

(4)短视频流量分成

针对手机用户的特点,突出短小精悍的特点,主打短视频的内容,通过 UGC 与微电影并行的方式,同专业的制作团队合作,根据广告主的需求,定制视频内容,如凯迪拉克的《一触即发》《66号公路》等,均是联手国际影星打造的微电影广告,吸引了大批移动互联网用户观看,优酷可以根据流量与运营商进行分成。

(5)电子商务

未来,优酷可以尝试进军电子商务领域,作为京东或者淘宝的合作伙伴,帮助商户在前端进行视频推广,用户感兴趣的话可以点击下方相应链接,去京东或淘宝完成购买,优酷根据用户的成交金额来提成。

(二)成本控制

优酷网在成本控制方面整体表现较好,由于其创始人古永锵本身就有投行背景,又拥有管理搜狐这类大型互联网公司的经验,因此,其整体的成本控制非常规范。从其2012年末第三季度的财务报表来看,优酷网目前主要成本体现在三个方面,首先是内容成本,其次是带宽成本,最后是人员管理费用。由于社会化媒体企业的共同特点,优酷仍然处于上升期,因此对人员及设备的投入依然占到很大的比重。本季度优酷土豆合并报表显示,优酷土豆整体带宽成本13660万人民币,内容成本18200万人民币,服务器和其他设备折旧1785万人民币。其中,优酷网的带宽成本11294万人民币,土豆网的带宽成本2370万人民币;优酷网内容成本13638万人民币,土豆网内容成本4566万人民币;优酷网服务器和设备成本1421万人民币,土豆网服务器和设备支出363万人民币。人员成本方面,在4490万人民币的整体产品开发费中,优酷网的产品开发费用为3770万人民币,2011年同期此项费用为2410万人民币;土豆网为718.4万人民币。财报解释,此项费用的增长主要是由于优酷土豆增加了无线、搜索、社交及付费等领域的产品开发人员,导致薪金福利开支增长。在7340万人民币的整体日常及行政管理费用中,优酷网的日常及行政管理费用为6730

万人民币,此项费用2011年同期为2180万人民币;土豆网本季度该项费用613.7万人民币,2011年同期该项费用为5087万人民币。财报解释,该项费用的增长主要是人员相关费用增加及一次性税费造成的。①

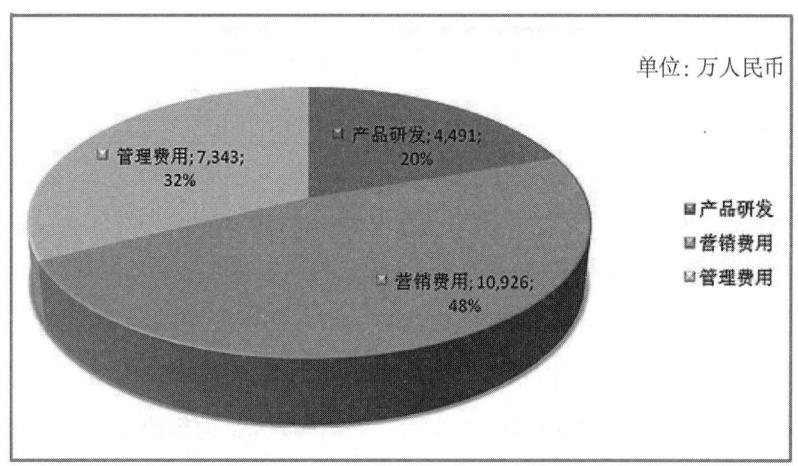

图4.1 优酷土豆2012Q3主要费用数据

数据来源:李丹:《优酷土豆网2012年第三季度合并财报分析》,央视网。

(三)管理团队

优酷网能取得今天中国视频网站第一门户的成功地位,与其优秀的管理团队及创始人的优秀素质密不可分。古永锵作为优酷网的创始人,毕业于美国加州大学伯克利分校,后来在斯坦福获取 MBA 学位,良好的名校背景使其毕业后进入国际知名咨询公司贝恩工作,随后进入投行富国银行负责中国内地项目投资,后与搜狐创始人张朝阳

---

① 李丹:《优酷土豆网2012年第三季度合并财报分析》,http://jingji.cntv.cn/2012/12/20/ARTI1355989185783686.shtml。

结识,进入搜狐公司担任CFO并完成融资与上市工作,后来担任总裁直至辞职创业。丰富的投行背景加上运营及管理大型互联网公司的经验,使古永锵拥有敏锐的商业眼光与良好的人脉关系,因此,不同于其他的视频网站创业,优酷网的创业是一种贵族式的创业,是拿着投资来找项目的,因此,优酷网一开始就拥有视频网站最需要的雄厚的资金支持。另外,在互联网行业多年的经验使古永锵快速地搭建了国内最优秀的软件开发团队,CTO姚健早年毕业于西南交通大学计算机科学与工程系,是搜狐公司早期著名的技术"四剑客"之一,他于2006年加盟优酷,带领技术团队自建CDN网络,实现从零流量到现在每日2亿视频播放的突破,同时在产品设计、WEB开发、底层研发、广告系统、无线业务、运营维护等各个方面带领优酷技术团队发力,打造并不断巩固业界口碑极佳的"快、全、清"优酷三字诀。①

2013年2月4日,优酷土豆集团(NYSE:YOKU)宣布,任命杨伟东为优酷土豆集团高级副总裁兼土豆网总裁,全面负责土豆网品牌下的内容、市场、内容营销等核心运营业务。② 杨伟东的加盟意味着优酷未来要发力移动市场的决心。笔者认为,随着其管理团队的不断完善,优酷未来的业务架构将更加趋于稳定。

五、优酷网成功的内容因素分析

(一)意外的成功

优酷网的成功不是偶然的,而是有着必然的原因,当时其创始人古永锵正拿着300万美金的启动资金寻找好的创业项目,美国视频分

---

① 百度百科"姚健",http://baike.baidu.com/view/4371240.htm。
② 《杨伟东加盟优酷土豆集团任土豆网总裁》,优酷动态,http://www.youku.com/about/cn/news_youku_view_1603.html。

享网站YouTube的爆红吸引了众多投资者的目光,古永锵凭借长期投行生涯所练就的投资眼光与在搜狐运营大型互联网媒体公司的经验,认为网络视频必将成为下一轮互联网创业的热点,因此果断组建团队,迅速组织人员开发类似的产品,最终凭借技术与资本运作的双重优势,取得了当前的成功地位。

(二)不一致的地方

优酷网在创立初期,完全照搬美国YouTube的模式,在国内大力推广拍客文化,鼓励用户自己拍摄视频并上传到网络。但是不久就发现,中美文化差异很大,美国引入家庭摄像机已经有近40年的历史,并且喜欢拍摄有趣的家庭视频与大家分享,国外甚至有电视台专门播放用户自拍的各种滑稽录像,而中国引入家庭摄像机才短短十多年的时间,中国人习惯在各种正式的场合拍摄录像并在重要的时刻与家人分享。因此优酷网用户早期上传的视频内容严重短缺,大部分影片质量很差,完全没有广告价值,加上大批的盗版影片,很难吸引到有价值的广告客户。与此同时,国外另外一家视频网站Hulu的出现打破了YouTube的理念,它是由美国三家传统媒体巨头共同发起的,仅提供正版的长视频内容播放,完全类似于电视的广告模式大受欢迎,上线不久就实现了赢利。为此,优酷迅速做出了战略调整,从坚持走UGC的路线改为UGC与正版长视频并行的路线,同各大电视台及版权方建立合作关系,花钱购买正版软件产品。同时,优酷通过投资影视节目,与中小专业机构合作,提升UGC的品质与内容,最终赢得了广告主的青睐,成为中国视频网站的第一品牌。

(三)市场结构的变化

在优酷网创业的初期,当时的中国互联网传统市场已经被几个巨头瓜分殆尽,巨头们对于视频网站这一新兴事物还未引起足够的重视,正在满足于传统互联网广告市场走向成熟所带来的丰厚回报,对于视频网站这一新生事物大都采取观望态度。与此同时,宽带技术开始普及,用户对于网上视频播放产生强烈的需求,早期的商家大都采用点对点的传输技术,需要下载客户端,同时速率不高,因此用户体验不好,优酷抓住机会,利用资金及技术双重优势,以网页直接播放,保证流畅的用户体验为卖点,迅速成长为其中的领军人物。

六、优酷网成功外部因素分析

(一)认知的改变

早期在 Web1.0 阶段,人们习惯于在网上默默地观看各类媒体精英的言论,当互联网进入 Web2.0 阶段,社会化媒体的出现使人们有了在互联网上展示自己个性化一面的冲动,正如当年美国著名波普艺术家安迪·沃霍尔的预言:"未来每个人都有可能成名 15 分钟。"人们开始热衷于在网上展示自己独特的一面,开始喜欢分享与互动,视频分享网站的出现为人们的这种需求提供了方便快捷的工具,因此短期内聚集了大量的人气,并随着马太效应的显现而不断得到加强,最终成为其中的领导者。

(二)新技术

优酷的成功体现了互联网时代,各项推动视频分享的网络技术均已趋于成熟并不断完善,目前带宽方面传统互联网已经进入光纤时代,移动互联网已经步入 4G 时代,未来带宽的成本将极大地降低,带宽的速度将得到不断的提升。同时,HTML5.0 技术的出现为基于浏览器的视频播放提供了强大的技术支持,并开始跨平台支持移动终端设备,使用户无需下载专用的插件就可以用浏览器播放各种视频文件。各方面技术条件的具备,无疑是推动优酷取得当前成功的原动力。

总结

优酷网作为国内社会化媒体的又一主要表现形式,其成功主要源于以下几方面的因素,首先是对机会的敏感把握,其次是拥有高效、互补的管理团队以及良好的资本运作能力。凭着用户体验的不断提升,优酷网通过贴片广告这一传统媒体广告模式暂时赢得了传统互联网领域的领先地位,但是版权成本与带宽成本的双重压力,极大地制约了其赢利的空间。未来随着移动互联网对传统互联网的替代,优酷应当重新聚焦于社会化媒体UGC内容的挖掘与分享,与各大社会化媒体进行战略合作,充分发挥其带宽及视频内容播放优势,整合移动互联网的产业链资源,保持创新动力,重新构建自己的商业模式,探索出一条新的移动互联网领域的商业模式,最终超越自己,真正实现赢利。

第五章　国外主流社会化媒体商业模式分析

第五章　国外主流社会化媒体商业模式分析

第一节　Facebook 的商业模式分析

美国著名的社交网站 Facebook 是目前全球最大的社会化媒体企业,于 2012 年 5 月 18 日登陆纳斯达克市场,当日发行价 38 美元,最高达 42 美元,融资高达 184 亿美元,估值超过 1000 亿美元,成为美国有史以来互联网企业规模最大的一次 IPO。

2004 年 2 月 4 日,Facebook 诞生于哈佛大学的一间学生宿舍,最早是由其创始人马克·扎克伯格编写的一个以在线新生花名册为主要功能的,方便哈佛学生交友并勾画自己社交圈子的校园内部社交网站。它在其初始主页上写着:"Facebook 是一个在线目录,它将校内社交圈的人们联系到一起。我们在哈佛大学内掀起了广受追捧的 Facebook 风潮。你可以在 Facebook 上搜寻自己学院的同学;找到自己的同班同学;查找自己朋友的友人;勾画出自己的社交圈子。"①它在推出后,迅速风靡哈佛校园,并在 3 个月后面向 34 所学校开放,注册用户超过 10 万人。

---

① 〔美〕大卫·柯克帕特里克:《Facebook 效应》,华文出版社 2010 年版,第 275 页。

随后 Facebook 在校园中稳步增长,并依靠包围策略,迅速在其他校园社交网站中脱颖而出,由于 Facebook 秉承实名注册的基本原则,并逐步向其他类型的人群开放,早期其用户数一直持续稳定地增长。2005 年 10 月,随着图片上传功能的开发,Facebook 迅速成为互联网上最炙手可热的图片网站,并吸引更多用户加入进来。目前 Facebook 的全球用户注册量超过 10 亿人,其中活跃用户超过 8 亿人,2011 年年底,其净利润高达 10 亿美元。短短 8 年时间,Facebook 如何成就其互联网的神话?笔者通过社会化媒体商业 3V2E 模式架构图,从商业模式的角度对 Facebook 的成功进行具体的剖析。

一、价值主张

笔者在第三章中,对于价值主张进行了详细的描述,它包含企业确立自身价值并满足用户需求的双重意义。它是企业创立的灵魂所在,也是社会化媒体企业设计其商业模式的根本出发点。在价值主张中,包含了价值内涵、用户参与与用户管理三个关键要素。

(一)价值内涵

Facebook 的价值内涵:"To a more open and connected world(致力于一个更加开放和连接的世界)"清楚地投射在其上市当天的纽约时报广场的纳斯达克大屏幕上。这段话向世人清晰地表达了 Facebook 的企业使命及价值观,其目的就是为用户提供一个新的交流与感受世界的方式。就像其创始人马克·扎克伯格所说的:"一个透明度高的世界,其组织会更好,也会更公平。"Facebook 成功最根本的原因也在于其坚持不懈地围绕核心价值内涵开发一系列的产品并提供相关服务。它在创业的初期就坚持"创造一个有趣的网站比挣钱更重要",因此,能够抵御来自商业领域的种种诱惑,先后拒绝了微软、谷歌、雅虎、维亚康姆等行业巨头的天价收购合约,将公司的控制权始终牢牢地掌握在自己手中,从而避免了类似 Myspace 的失败结局。

易凯资本 CEO 王冉在 Facebook 上市当天说:"今夜我们都只是看客,我们真正应该思考的是,引领全球的为什么是苹果、谷歌、Facebook? 除了一流的产品,最重要的是它们无一例外都拥抱普世的价值观。"

由此我们可以看出,Facebook 的成功与所有传统企业的成功要素的关键点是一致的,即不以赢利为企业目的,拥有远大的目光与价值观,并始终秉承这一原则。赢利只是对其做正确事情的必然回报。

(二)用户参与

这是社会化媒体企业成功的关键要素之一。由于 Facebook 是典型的社会化媒体企业,其产品就是围绕用户的使用而设计的工具化平台,其网站的具体内容都是以 UGC(用户产生内容)的方式来呈现的,因此,相对于传统的 Web1.0 的互联网企业而言,用户是 Facebook 最终产品的创造者及消费者。用户首先必须实名注册,依照网站的要求,真实地填写自己的相关资料及个人信息,一旦填写完毕,就可以通过 Facebook 自动搜索自己的朋友或感兴趣的人,随时管理、添加自己的好友,并与好友在线上互动交流。Facebook 与其他社交网站的根本创新在于其要求用户必须实名注册,并由此推动了互联网中一系列用户行为方式的巨大变革。首先,用户必须为自己在网上的各种言论及行为负责,从而避免了传统互联网中,用户匿名注册,不负责任地胡乱发表言论的痼疾。其次,用户通过实名注册的方式,可以更加平等、开放、透明地与自己的好友进行互动,分享自己的思想与快乐,促进各类线上、线下的活动同时进行。用户自觉维护并遵守网站的各项基本规定,随时发表自己对于Facebook新推出的产品及服务的意见与建议,网站会针对用户的提议迅速作出回应,不断完善自己的产品。

(三)用户管理

在用户管理方面,Facebook也可谓做到了极致,充分体现了社会化媒体企业的显著特点。由于Facebook主张在实名注册的基础上,倡导开放、公开、透明的价值理念,因此,在传统社会中拥有多种身份及面孔的个人在Facebook上将不得不面对唯一身份的道德考量。在这里,用户的所有隐私都有可能被某个好友揭露并发布在网上,由于其相关的对等策略设置,该用户的所有好友均可以浏览到相关的内容,此外,由于其动态用户更新信息提醒功能的设置,用户可以随时了解好友的最新资讯。

1. 个性化

墙(The Wall),即用户的留言板,用户可以在上面彰显自己的个性与主张。同时,凡是有权浏览该用户完整档案页的人,都可以看到墙上的内容,别的用户也可以在墙上给该用户留言,并可以通过"Feed"功能通知该用户。它是体现用户个性的一个窗口。早期用户在填写完真实资料之后,可以粘贴一张个性化的图片,随着图片上传功能的开放,Facebook允许用户上传无限量的图片,并以自己的名字作为唯一的个性化标签,由此图片功能与Facebook的社交功能完美地结合在一起,使用户可以方便地管理自己的社交关系图谱。

2. 关系构建

用户可以非常方便地建立起自己的社交圈子,当你填写完自己真实的资料之后,在Facebook上你可以浏览感兴趣的人的真实资料,看看是否跟你合拍,你可以通过"poke(捅一下)"的功能跟你感兴趣的人打招呼,如果对方回应,就可以互相加为好友,进行互动交流。在邀请其他人成为朋友之后,你的社交关系网络就可以很清晰地显示出来。你可以随时知道好友的动态信息,当你需要某种建议时,很容易得到众多好友的帮助,而不是淹没在 Google 所提供的冷冰冰的信息海洋之中。你可以很方便地利用 Facebook 组织各种有趣的活动,组建各种主题社区。

3.社区自治

在 Facebook 上,你可以按照自己的兴趣与爱好,随时加入或者创建一个主题群组,吸引有共同爱好的人参与进来,大家共同就某个感兴趣的主题进行讨论与交流,分享各自的心得体会,展示相关的图片与视频。整个 Facebook 就像一个高度自治的互联网社区,所有的用户自由、开放、平等地讨论各种感兴趣的议题,身份的公开与透明使大家都要负责任地发表各种意见与看法,否则,你的不一致的言行将会在朋友圈中被迅速曝光。

二、价值构建

为了完成自己的价值主张,必须进行系统化的价值构建,对于社会化媒体企业而言,需要完成以下几个方面的工作:市场定位、资源配置及关键行动,只有做好了这三个方面的详细规划,才有可能逐步实现自己的价值主张。

(一)市场定位

Facebook 创始人的初衷是为了提供一个方便易用的网络工具,使人们在网络上与现实中认识的人保持联系。因此,Facebook 将自己定位成一个开放的交流平台,用户可以自由地建立各种圈子与群组。同时,随着 Facebook 在 2007 年 5 月正式开启 F8 开发者平台,第三方的软件开发商也可以将自己的产品或服务嵌入到 Facebook 平台上,马克·扎克伯格决定 Facebook 要做的独一无二的事情就是维护用户的个人主页和人际关系网络。而最终,几乎所有其他的服务都由别的软件开发公司提供。① 在这种理念的指引下,Facebook 与先前的任何一家社交网络公司均有本质的区别,公司授予第三方开发者以非凡的自由度,允许开发者利用自己开发的各种应用程序在 Facebook 上赚钱,却并不收取任何费用,因此,Facebook 平台上涌现了大量的新型创业公司,其中最著名的要数"辛加"(Zynga),它在 Facebook 上开发了著名的德州扑克及开心农场等一系列广受欢迎的游戏,并早于 Facebook 上市,市值高达 60 亿美元。而 Facebook 并未自己开发任何热门游戏与其竞争,非常诚实地恪守自己的承诺。它甚至允许第三方开发者在 Facebook 上售卖自己的广告,与 Facebook 自有的广告位形成竞争。最终,Facebook 通过对自己的市场定位,成功地打造了一个基于自身平台的互联网生态系统。

(二)资源配置

Facebook 作为社会化媒体企业的代表,其核心的资源包括两方面的内容,首先是 Facebook 平台的研发与维护,以吸引更多的用户加入进来。为了保持自己在社会化媒体企业中的领导者地位,Facebook 投入了大量的人力资源进行研发,不断地改进网站的设计,从图片上传到用户信息动态更新,从独立研发到开放平台允许第三方介入开发,Facebook 不断根据用户的需求对各项服务进行调整与更新,确保网站的简便性、用户操作的便利性。为了应对全球超过 10 亿的注册

---

① 〔美〕大卫·柯克帕特里克:《Facebook 效应》,华文出版社 2010 年版,第 181 页。

用户,Facebook 必须不断地扩展其数据中心。目前 Facebook 的主要数据中心都在美国,其他地区的用户使用起来,速度相对较慢,因此公司计划在美国之外建立几个规模巨大的数据中心,确保用户的顺畅交流不受影响。

其次是随着用户数量的持续增长,必须配备足够的市场销售人员,将用户的海量信息转化成真金白银,从而确保公司拥有长期稳定的现金流。因此,随着网站规模的增长与影响力的提升,Facebook 的营销队伍也在持续壮大,从早期的简单售卖条幅广告,到与微软合作,授权微软售卖其条幅广告,最终随着 Google 高管雪莉·桑德伯格(Sheryl Sandberg)的加入,Facebook 找到了自己独一无二的广告方式,其商业基础架构也随之同步启动。Facebook 在美国各地设立销售办事处,并且伴随着 Facebook 国际化进程的加速,设立了都伯林国际总部,并在伦敦、巴黎、斯德哥尔摩及悉尼设立了销售办公室,以后将随着业务的拓展不断增加海外办事处。

(三)核心行动

Facebook 目前已经取得了在互联网时代社交网络中的霸主地位,作为社会化媒体企业的领袖,其核心行动充分体现了 Web2.0 时代社会化媒体企业的显著特点,即以用户为中心,持续打造更加开放、透明、公平、公正的网络环境。为此,它们采取了一系列的核心行动。

1.持续的产品研发

F8 平台的开发与使用,使 Facebook 正式成为一个开放的互联网平台,所有的第三方开发人员都可以基于这个平台研发各种产品与服务,提供给 Facebook 用户使用,并从中赚取收益,Facebook 不会因此而对第三方开发者收费。因此,Facebook 吸引了大批的开发者进驻

这个平台,并由此诞生了著名的社交游戏开发商 Zynga。通过此战略,Facebook 增加了许多新的功能,大大提升了自己的用户黏性。此外,Facebook 还不断扩展自己在社交领域的服务功能,如动态信息提醒、活动、市场功能、图片及视频上传、虚拟货币等。Facebook 在完善自己服务功能的同时,进入各个细分的市场领域,生态系统的功能逐步显现。

2. 用户问题的解决

Facebook 作为社会化媒体的领袖,随时关注用户的各种抱怨、建议与反馈,典型的案例莫过于 2006 年 9 月公司动态新闻功能首次推出时用户的反应。当时动态新闻的功能使用户的每一次状态更新都会自动通知其所有的朋友,忽略了用户的隐私权,人们迅速成立了约 500 多个抗议小组,抵御新功能的推出,公司认识到事态的严峻性,迅速作出回应。马克·扎克伯格迅速写出一篇博文,真诚地向用户道歉,并承认公司在隐私保护方面的疏漏是造成此次混乱的根本原因。公司在 48 小时之内,迅速修改了权限设置,使用户可以选择是否将自己的动态信息发送给朋友们,用户可以对一些特殊类型的信息进行设置,避免过分暴露自己的隐私。通过类似的这种互动式、对等的沟通方式,Facebook 同用户建立起了长期、有效的信任关系,促使公司不断地提供更多更好的服务内容。

3. 打造沟通平台

Facebook 正在实现超越社交网络站点本身,将自己打造成一个以互联网为基础的生态系统平台。在 Facebook 里,用户可以自由地与朋友进行互动与沟通,随时分享自己的快乐与心得;通过第三方开发商的进驻,用户可以享有一站式服务与体验,从网络游戏到虚拟礼品,从团购到电子商务交易,几乎所有互联网能够提供的服务,都已经

或即将在 Facebook 上呈现,并可以随时与相关的商家进行互动,随时听取朋友的推荐与建议。未来的 Facebook 将向一个虚拟的互联网社会生态系统演变。

三、价值体现

作为一个企业,Facebook 的价值在于创造客户。德鲁克对于企业本质的精彩论述适用于所有类型的企业,社会化媒体企业自然也不例外,而德鲁克接着又指出,利润是对企业做对事的自然回报。对于社会化媒体企业而言,早期的用户规模的拓展是其发展的立足之本,但是,随着用户数量的急剧增加,企业的运营成本必然持续飙升,如何将规模巨大的用户转化为客户,将是社会化媒体企业商业模式成功与否的最终标准,也是对社会化媒体企业做对事的必然回报。这就是社会化媒体企业商业模式分析中的价值体现,具体包括以下三个部分。

(一)赢利模式

赢利模式是企业商业模式能否实现货币化的最终体现环节,也是评判一个企业是否成功、能否取得利润的根本所在。对于社会化媒体企业而言,赢利模式通常包含直接赢利模式与间接赢利模式两种主要方式。前者指直接向用户收费,后者指通过提供目标用户向第三方收费。作为社会化媒体企业的领军人物,Facebook 同时具备两种主要的赢利模式,现具体列示如下。

1. 直接赢利模式

(1)售卖虚拟商品

Facebook 在网上售卖一些虚拟的商品,如生日蛋糕等各种礼品,用户可以使用现金进行购买,然后送给自己的朋友,以表示自己对朋友的关爱之情,也可以通过支付现金直接购买在 Facebook 交易的积分。目前,随着可选择的服务不断增加,该收入的交易量迅速增长,未来有望达到其总营业收入的 20% 以上。

(2)虚拟货币(Facebook Credit)

这是 Facebook 于 2010 年推出的一项服务,开始时只用于购买 FarmVille 游戏中的虚拟农作物及各种虚拟工具与数字宠物,用户需要先购买虚拟货币,然后才可以用虚拟货币购买游戏中的各类产品与道具,Facebook 收取 30% 的服务费。目前,这项服务已经扩展为 Facebook 上所有社交游戏的主要支付手段,并开始向团购支付领域扩展。Facebook 虚拟货币与真实货币的比率为一美元兑换 10 个虚拟币,用户大量购买还享有一定比例的优惠,如 400 美元就可以购买 4720 个虚拟币,等于打了八八折。随着社交游戏的风靡以及团购业务的迅速扩张,虚拟货币将成为 Facebook 帝国的法定流通货币,必将为其带来巨额的现金流收入。

2.间接赢利模式

(1)传统条幅式广告

Facebook 早期发展主要依靠传统的广告客户购买页面的条幅广告位实现赢利,目前最大的代理商为微软公司,该公司负责为 Facebook 售卖大部分的条幅广告,但随着 Facebook 新型广告形式的推出,该形式广告在营收中的比例逐年下降,目前已经不到其营收的 10%。

(2)第三方资源自助广告

源于 Facebook 的开放平台策略,任何小广告商甚至个人都可以用信用卡支付本地的条幅广告,然后卖给相关的商家。这种方式为 Facebook 中期的发展带来了优厚的广告收入。

第五章 国外主流社会化媒体商业模式分析

(3)定制式广告

这是基于自身社会化媒体的特点,Facebook 推出的独一无二的广告形式。Facebook 自己设计了一套广告平台——"社会化广告"(Social Ads),并吸引了全球各大品牌的入驻。这个广告平台位于 Facebook 网站页面上右边框的一个并不起眼的位置,能够显示"好友"对某个广告或广告商的喜好和具体评价。只有大约 0.5% 的用户在看到该广告之后会点击,但通过这种人际传播,用户对广告的印象大大加深,广告商的传播效果也大大增强。① 鉴于用户在 Facebook 留下了大量的个人信息,Facebook 可以给对于某类商品感兴趣的用户发出一些来自商家的前瞻性的信息,吸引用户参加某些碰巧出现在自己页面上的相关活动,有时是赠送一张肯德基的免费试用券,有时邀请你评价一个相关的视频,有时邀请你与你的朋友参加网上交流,并促使你点击广告成为某个产品的 Facebook 粉丝。

定制式广告的推出使 Facebook 找到了适合自己产品特性的独特广告形式,充分诠释了 Web2.0 语境下,社会化媒体的天然双通道、对接式的属性,为公司带来了巨额的收入,目前已经成为公司的主要赢利模式。

(4)用户参与式广告

Facebook 可以被视作一个巨大的创新协作网络,它简直是创新活动的完美平台。2009 年大众动画电影公司推出了一部由 Facebook 用户创作的动画电影。这个 5 分钟的电影名为 *Live Music*,包括了 51 个来自 17 个国家的人创作的几个片段。大众动画先提出一个故事大纲,确定了影片的影像风格,它的 Facebook 页面吸引了 5.7 万名成

---

① 雪莉·桑德伯格:《改变 Facebook 的她》,新浪科技,http://tech.sina.com.cn/i/2012-02-04/02026682359.shtml。

员,1700名用户下载了播放该影片的专用工具软件,该页面的成员投票决定哪一段可以放进该影片。入选影片的创作者可以获得500美元的奖励,并且其名字会出现在影片的鸣谢名单中。2009年末索尼公司在各大影院放映该片,作为动画电影季的开幕影片。[①] 这种用户深度参与式的广告,为商家培养忠实的用户带来了最好的示范效应,商家必然愿意付费与Facebook进行合作,从而为Facebook赚取了大笔的广告费用。

(二)成本控制

对于正处于创新与发展阶段的社会化媒体企业而言,成本控制是企业能否长期健康发展的关键,管理大师德鲁克在《创新与创业精神》一书中曾经提到,"新事业应到最后再关注利润,而不应在创业之初就太注意它。现金流量、资金及控制应摆在最前面,没有这三者,利润不过是一个虚幻的数字"。[②] 作为社会化媒体企业最优秀的代表,Facebook在成本控制方面做得还是相当出色的,从而确保其顺利地发展并最终实现上市。

1.初期的成本控制

Facebook在创业初期,主要依靠创始人团队的自有资金及奉献,再加上少量的外部融资,进行网站的早期运营,由于创始人始终秉承稳定发展的策略,并未进行大规模的扩张,注重运用技术手段避免网络压力过大造成宕机,硬件成本及人员成本均控制得较为合理,为公司未来的发展打下了良好的基础。

---

① 〔美〕大卫·柯克帕特里克:《Facebook效应》,华文出版社2010年版,第220页。
② 彼得·F.德鲁克:《创新与创业精神》,上海人民出版社2002年版。

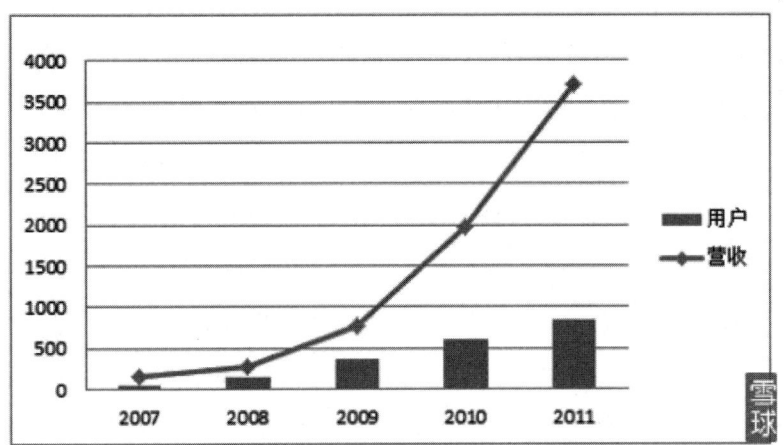

图 5.1 Facebook 月度活跃用户数与营收增长

资料来源:雪球财经(xueqiu.com)。

2. 中期的成本控制

在公司创业中期,Facebook 进入高速成长期,用户出现爆发式的增长,随着上传图片等新功能的开放与大受欢迎,服务器与带宽成本大幅攀升,同时,公司开始招聘大批的开发人员及专业管理人员,人员成本大幅攀升,为此,公司先后分几轮引入了战略投资者,获取了未来发展所需的足够现金流支持,但是公司的迅速成长依然带来了巨大的成本压力,公司开始面对赢利的考验。

3. 上市后的成本控制

2012 年 5 月上市后,公司成功募得了巨额的资金,为公司未来赢得社交网络领域的霸主地位奠定了坚实的基础,公司成长为巨型的互联网企业,员工多达 3000 多人,进入了稳定发展的阶段,运营成本随着销售收入的增长同步增长。2012 年第三季度季报显示,其运营成本由 2011 年第三季度的 5.4 亿美元同期上升至 8.8 亿美元左右,同比增长了 63%,收入由 2011 年第三季度的 9.5 亿美元同期上升至 12.6

亿美元,同比增长了33%。造成其成本上升的主要原因是研发成本的大幅增加,公司为了在日益增长的移动互联领域里布局,投入了大量的人员进行相关领域的产品研发,同时,在移动互联领域的推广与宣传方面投入了大量的资金。公司在第三季度取得1.4亿美元的移动互联网领域的广告收入,证明了Facebook在未来移动互联网领域的发展潜力。

总体而言,上市后的Facebook在成本支出方面增长很快,但是公司在以COO桑德伯格为代表的外聘高效职业经理人的运营团队管理下,公司在发展的各个阶段,成本控制得较为合理,在研发与市场营销方面,投入了大量的资金并取得了显著的成效。

(三)管理团队

Facebook作为社会化媒体企业这一新生事物的代表,面临着与传统企业完全不同的经营环境,因此企业必须依靠一个高效的经营管理团队来应对企业未来可能面临的种种不确定性因素,随时保持创新的态势,领导企业一步步走向成功。

Facebook的创始人扎克伯格在这方面做得相当成功,2004年网站创建伊始,他还是一个哈佛大一男生时,就开始营建自己的管理团队,由其哈佛的校友,颇具商业头脑的萨维林负责网站的商业运营等相关事宜,自己则与另一位联合创始人莫斯克·维茨主要负责网站研发方面的相关事项。

在取得了初期的成功后,扎克伯格结识了硅谷的传奇创业人物肖恩·帕克,后者拥有硅谷创业的丰富经验。帕克帮助Facebook成为一家真正的互联网公司,重新设计了公司的完整架构,并引入了大批的战略投资者,解决了Facebook早期发展的资金瓶颈。为了避免重蹈自己被亲手创立的公司所驱逐的命运,帕克为Facebook设计了二元结构的公司股权架构,确保扎克伯格的绝对领导地位不被外来投资者所撼动,使公司始终牢牢掌握在创业者的手中。该模式后来成为硅谷创新企业的标准股权架构模式。通过帕克的引荐,扎克伯格结识了大批的硅谷成功创业人士以及传媒行业的管理巨头,他们成为扎克伯格的良师益友,其中有早期的网景公司创始人马克·安德森,《华盛顿邮报》的CEO丹格·雷厄姆等,他们为公司未来的发展提供了大量宝贵的意见,使其逐渐明晰了公司未来发展的方向。

后期扎克伯格一贯主张以产品的研发为中心,始终未考虑赢利的问题,但随着其规模的不断扩大,运营成本随之飞速上升,Facebook最终引入了硅谷的传奇经理人雪莉·桑德伯格,帮助Facebook找到了独一无二的赢利模式,从而将巨大的流量货币化,使Facebook迅速实现赢利并最终成功上市。

纵观Facebook的整体发展历史,可以明显看出,如果缺乏一流的管理团队,公司肯定不能取得最终的成功。Facebook创始人一开始就致力于搭建自己的管理团队,在不同的发展时期聘请不同的管理人才;同时,通过二元股权架构的设计,牢牢控制着公司的所有权,以便运用自己的价值观去规划公司的长远发展,因为他认为"设计一个更酷的网站比赚钱更重要"。扎克伯格坚持以用户为中心,宁可牺牲短期的赢利也要避免用户体验下降,从而避免了Myspace被传媒集团收购后迅速没落的命运。Facebook的成功再次证明了管理学大师德鲁克在《创新与创业精神》一书中所提到的,新事业的发展对于管理团队所需要的各项关键要素。创始人与管理团队要完美地配合,始终保持创新与创业精神所需的各项要素并贯彻到公司的各个行动中去,唯有如此,社会化媒体企业才能在激烈的市场竞争中处于领先的位置。

四、Facebook 创新的内部因素分析

(一)意外现象

Facebook 的创立源于其创始人扎克伯格不满哈佛老旧的传统新生通讯录手册，因此创建了一个在线的校友通讯录，所有人均可通过学校邮箱注册并附上自己的简介及一张个人照片，以方便同学之间的交流。没想到上线之后大受欢迎，学生们自发上传自己的各类活动信息，Facebook 迅速变成线上实时交流平台，并引发了线上线下的实时互动。扎克伯格迅速地发现了网站未来所具有的社交潜力，从原先的漫无目的的一时兴起之作，转化为一项真正的事业，正式成立了公司，按照商业化的模式进行运作，构建了初始的管理团队，开始在别的大学中进行系统化的推广，并最终超越 Myspace，成长为一个社交网络巨头。由此可见，创始人拥有优秀创业者所具备的善于把握机会的特质。

(二)市场与产业结构

2004 年 Facebook 成立时，当时最受瞩目的社交网络公司 Myspace 已经拥有百万级的用户，并且不限制用户是否使用真名注册，是当时全美音乐人推广流行音乐的主要渠道之一，而 Facebook 坚持实名注册的原则，起初仅在常青藤大学校园中进行推广，通过大学生的口碑相传以及真实用户之间的实际交友互动，最终掌握了社交网络的真谛，即公开、透明，并不断地调整自己的发展策略，最终超越 Myspace 成长为社交网站的霸主。

五、Facebook 创新的外部因素分析

(一)认知的改变

Facebook 成立时,已有的社交网站已经使人们习惯通过网络跟亲朋好友联系,并根据个人的爱好,在网上结识新的朋友,但 Myspace 的非真名限制的注册策略具有严重的社交网络安全隐患,而 Facebook 的出现恰恰弥补了这方面的不足,打消了人们的顾虑,人们可以方便地通过 Facebook 与自己的好友实时互动并随时通过好友介绍或对方真实的个人资料来结识新的朋友。

(二)新知识

Facebook 创立时恰逢 Web2.0 蓬勃发展的时期,Web2.0 已经成为一种成熟的网络编程技术,宽带也已经在美国普及,之前各类社交网站的成功与失败为 Facebook 积累了大量的前期经验,所有适合社会化媒体发展的先天技术条件均已成熟,Facebook 的社会化媒体属性恰恰成为 Web2.0 技术的最佳阐述方式。基于这种架构,网站成为用户沟通与交流的平台,简约的页面风格及各种易用的功能设计吸引了大批用户的加入。随着开放平台战略的实施,Facebook 迅速成为一个无所不包的虚拟网络生态系统,从而吸引了大批的用户每天花费大量的时间使用 Facebook 的各项创新服务,极大地增强了用户的黏性并大幅降低了网站的开发成本。

总结

Facebook 作为当前社会化媒体的最佳表现形式,在其海量用户

的数据基础之上,拥有外界很难复制与超越的网络综合生态系统的商业模式;通过开放平台战略,Facebook 拥有了类似苹果 App 的大批第三方开发人员为其用户设计的各种应用与服务程序,Facebook 可以利用平台优势坐享分成;同时,对接式、互动式的独特广告形式也为其贡献了巨额的营收。然而,正如奥地利经济学家熊彼特对于经济周期理论的阐述,"创造性的破坏"永远不会停止,创新的步伐只会不断加快。伴随着智能手机的大规模普及,互联网的入口已经从 PC 转移到智能手机,人们越来越习惯通过手机登录互联网,目前一批新型的基于移动互联网技术的社会化媒体企业已经涌现,未来随着移动互联网势力的崛起,Facebook 的重点必将转移到移动互联网领域中来,上市前花 10 亿美元收购图片分享移动网站 Instagram 更是表明了其进军移动互联网领域的决心。伴随着成功登陆纳斯达克,Facebook 基于移动互联网的二次创新之路才刚刚开始。

第二节 Twitter 的商业模式分析

微博(Microblog)时代的开创者,著名社会化媒体平台 Twitter(推特)诞生于 2006 年 3 月,是由杰克·多西(Jack Dorsey)与博客之父埃文·威廉姆斯(Even Williams)及伯利兹·斯通三人联合创办的,早期作为播客的一个分支项目启动,主要为了方便用户进行即时沟通,推出后大受欢迎,很快成长为社会化媒体的一颗新星。根据著名分析机构 Semiocast 的统计数据,截至 2012 年 7 月 1 日,注册用户达到 5.17 亿,成为仅次于 Facebook 的第二大社会化媒体公司。

一、发展历史

Twitter 的前身是大约成立于 2005 年的 Odeo 播客平台,创立者

第五章 国外主流社会化媒体商业模式分析

是诺亚·格拉斯。埃文·威廉姆斯是该公司的早期投资者之一,并成为其后来的CEO。不久Odeo扩展,杰克·多西、布雷恩·库克等人加入。2005年秋季,苹果发布了内置播客功能的iTunes,Odeo业务大受影响。威廉姆斯改组业务,将Odeo的员工分成数个小组开展不同的项目。格拉斯和多西的"全日智囊团"开始了名为"Twttr"的项目,创意来自多西,格拉斯负责营运并确定了"Twttr"的名字。这是Flickr和美国短信服务代码都是5位数这一惯例所带来的灵感。①

在最开始时,Twitter的服务对象仅限于Odeo公司的内部雇员。2006年7月,Twitter正式向公众开放。2006年10月,比兹·斯通、埃文·威廉姆斯、多西和其他来自Odeo公司的成员共同发起成立了Obvious公司并且获得了Odeo公司及其所有资产,包括Odeo.com和来自投资者和其他股东的Twitter.com。随后在2007年Twitter脱离原来的公司,成立了独立运营的公司。②刚开始,Twitter由于主要依靠短信平台发送,为了节省发送的费用,字数被限制在140个字符以内。由于方便快捷,2007年Twitter正式对外开放,一经推出,立即吸引了大批网民加入。2008年7月,美国洛杉矶发生地震,Twitter在第一时间将地震的消息发布在网上,早于传统主流媒体10分钟以上。2009年1月,一家美国航空公司的客机迫降哈德逊河上,一位刚好路过河边此处渡口的行人詹妮丝·科茹姆(Janis Krums),用手机拍下了当时的场景并加注评论,在第一时间通过Twitter上传到网上,迅速传遍全球,而大名鼎鼎的《纽约时报》足足在15分钟后,才在网络版发布了这一消息。Twitter由此演变成为一种可以在全球各地为任

---

① Sagolla Dom,"How Twitter Was Born",http://www.140characters.com/2009/01/30/how-twitter-was-born/.
② Andrew Moore,"A Conversation with Twitter Co-founder Jack Dorsey",http://www.thedailyanchor.com/2009/02/12/a-conversation-with-twitter-co-founder-jack-dorsey/.

何人提供即时突发新闻发布的媒体平台。同时，Twitter也成为一种为用户提供日常经历分享的伟大工具。[①]

随着Twitter的不断走红，Twitter开始演变成为一种新型的基于移动互联网的社会化媒体工具，人们可以在上面随时发表自己的言论，捕捉周围的突发事件并随时发布，随时关注发生在Twitter上的各种信息，随时关注某个自己感兴趣的个人并成为其追随者（follower），并根据自己的兴趣进行评价及转发。通过Twitter，人们还可以方便地寻找自己的亲朋好友，并通过关注某个自己感兴趣的话题或内容在Twitter上与他人交流并结交新的朋友。一时之间，Twitter的用户迅速突破亿人大关，根据Semiocast的数据，截至2012年7月1日，Twitter拥有注册用户5.17亿个，其中1.418亿来自美国。作为全球第二大社交网络，Twitter的用户数量仅为Facebook的一半。截止到2013年1月，Twitter在二级市场的估值已经达到100亿美元以上，未来其IPO一旦成功，必将成为继Facebook之后的又一次社会化媒体的募资神话。

二、价值主张

依照笔者建立的社会化媒体商业模式架构分析图，一个典型的社会化媒体企业首先必须确立自己企业的价值主张，通过价值主张来确定企业发展的方向与目标，即当代管理学之父德鲁克对企业提出的三个经典问题："我们的业务是什么？我们的业务将是什么？以及我们的业务应该是什么？"对于Twitter这样的社会化媒体企业而言则表现为以下三个方面。

[①] Tim O'Reilly and Sarah Milstein, *The Twitter Book*, O'Reilly Media Inc 2012, 13.

第五章　国外主流社会化媒体商业模式分析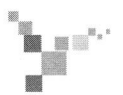

(一)价值内涵

Twitter 的价值内涵即创始人提出的理念："创建一个基于移动互联网短信平台,方便用户及时沟通与发布的自媒体工具。"随着 Twitter 的用户规模不断扩大,这个价值内涵也变得越来越清晰起来。Twitter 逐渐成长为移动互联网领域的重量级玩家,其社会化媒体属性由于移动互联网的即时性与便捷性而受到用户的青睐,大家已经习惯了用手机随手抓拍身边发生的有趣事物,并通过 Twitter 上传到网上与众人分享。Twitter 逐渐成为移动互联网时代的个人入口。

(二)用户参与

Twitter 从诞生开始,其核心设计理念就是为个人提供一个即时沟通的个性化交流平台。因此,其所有的内容都是借由 UGC 的模式创造出来的,同时用户的创新与需求又推动着 Twitter 不断地完善自己的功能,从刚开始的只是简单的基于短信文本的交流与发布,到逐渐可以上传图片并配以文字点评,从简单的关注到愈来愈注重社交功能,Twitter 在用户的推动下变得日益完善,各类应用需求接口也不断地开放,第三方的软件开发者可以帮助 Twitter 开发各类应用软件并共享相应的收益。

(三)用户管理

鉴于 Twitter 的即时性与便利性,Twitter 聚集了海量的用户数据,如何将用户的数据进行归类、整理、发掘成为 Twitter 未来是否能够成功实现商业化的关键。目前,Twitter 已经提供了多种工具型的应用以方便用户寻找好友,对自己的信息进行进一步的分类与管理。

1. 搜索功能

利用 Twitter 自身提供的搜索工具,用户可以方便地寻找自己感兴趣的主题、新闻以及自己熟悉的亲朋好友,并进行关注或交流。

2. Followers(追随者)

可以方便地显示出目前有多少用户正在关注你的"推文"(Tweet),具体可以查看都有哪些人,他们都有哪些评价。

3. Following(关注的人)

显示目前你正在关注哪些人,他们的数量是多少,他们目前都有哪些最新的推文,随时可以进去点击查看。

4. Tweet(推文)

即目前你总共发布了多少条推文,具体都有哪些。点击后可以拥有详细推文列表。

5. Retweet(转推)

即转发你感兴趣的推文,这是 Twitter 病毒式传播的主要手段,通过这种机制,消息可以最快的速度得到传播。

6. @message(提醒某人注意你的推文)

即与某人在 Twitter 上展开公开的对话与讨论,通过@加上某人的 Twitter 账号,可以提醒某人注意你的这条推文并进行进一步的公开交流。

7. DM(Direct Message,私信)

通过此项功能,用户可以展开一对一的私下交流,交流的内容仅限于双方知晓,外人无法获得。

8. Trending Topics(流行话题)

Twitter 对于当前的热门新闻及话题进行分类排序,随时选出十件用户最关注的流行话题。通过此项功能,用户可以获取最新流行趋势及热门新闻,随时把握当前的热点话题。

9. Tweetup(群聊)

用户通过 Twitter 在网上发布一个需要讨论的主题内容,然后约定时间与感兴趣的人进行共同讨论,有点类似于网络聊天室。①

三、价值构建

针对 Twitter 的价值构建,我们依然从市场定位、资源配置及核心行动三个方面进行系统性的分析与论证,看看其相关措施是否与其价值主张相匹配。

(一)市场定位

"What is happening?"(正在发生什么?)这是 Twitter 早期广为流行的口号,140 个字符的简单文本,随时发布着全球最新的各项信息,伴随着产品功能的不断完善、用户数量的迅速增长,Twitter 的市场定位也在不断变化当中。最初,它仅仅是一个不太成型的即时通讯的产品,随着大量用户的不断加入,它成了移动互联网时代博客的最佳替代产品,随着其在新闻报道中不断发挥作用,它又进一步演变为自媒体时代的开创者。它的出现,标志着大众媒体垄断新闻时代的终结,人人都变成了新闻的发布者与传播者。如今,随着用户规模的飞速增长,其社交属性开始凸显,使其成为移动互联网领域的另一个 Face-

---

① Tim O'Reilly and Sarah Milstein, *The Twitter Book*, O'Reilly Media Inc 2012, 45—55.

book。随着并购与扩展,一个新型的以移动互联网为基础,以 Twitter 为中心的互联网生态系统正在形成,它将比 Facebook 拥有更加便捷的沟通渠道。

(二)资源配置

作为移动互联网时代,社会化媒体的最显著的代表,Twitter 的核心资源在于其移动互联网平台的开发与维护工作,为此,Twitter 投入了大量的人力物力进行研发工作。截至 2012 年底,Twitter 已经从 6 年前初创公司的 8 人发展到如今的 1000 多名员工,如今,Twitter 正在专注于如何将流量货币化。2012 年,Twitter 为了推动业务增长而实施的并购业务包括收购社交新闻聚合网站 Summify 以支持其 Discover 应用;收购基于云计算的网络反恶意软件技术公司 Dasient、轻博客 Posterous、社交分析公司 Hotspots. io、个性化电子邮件营销服务公司 RestEngine、设计工作室 nClud、应用测试平台公司 Clutch. io、移动应用开发工具制造团队 Cabana 等。①

如何将巨大的用户流量及海量的用户资料转化为真金白银将是每个社会化媒体企业走向成熟的必由之路,因此,在销售市场的开发方面,Twitter 同样投入了大量的人力资源。目前,Twitter 的新任 CEO 迪克·科斯特罗(Dick Costolo)是来自 Google 的资深运营高管,拥有极强的互联网领域赢利经验,招募了大量的销售人员,与各大广告代理公司及客户进行商洽,鼓励其更多地应用 Twitter 的平台进行广告推广与精准营销活动,从而极大地加速了 Twitter 的货币化进程。

---

① 《Twitter 繁忙的 2012 年回顾:初创期终结或将 IPO》,搜狐 IT,http://roll. sohu. com/20130115/n363511026. shtml.

（三）核心行动

目前 Twitter 已经创立了 6 年时间，已经从最初的基于短信的信息分享与发布平台演变为一个规模仅次于 Facebook 的移动社交媒体巨头，公司拥有注册用户超过 5 亿人，其中活跃用户超过 2 亿人。Twitter 下一阶段的核心行动是将大批用户及海量数据转化成有效的价值并与商家对接。

1. 继续全球化扩张

Twitter 致力于建立全球规模最大的自媒体发布平台，目前已经在世界大多数主流国家开展了业务，新的语言版本正在不断地被开发出来。Twitter 正在以 UGC 的模式成为全球最大的新闻发布机构，其用户可以随时通过 Twitter 向全世界播报周围的最新消息。

2. 进一步强化搜索功能

用户使用搜索的次数越多，意味着 Twitter 的广告价值越大，为此，Twitter 正在进一步强化其搜索功能，并对现有的搜索功能进行整合。2012 年 7 月，Twitter 发布了新的搜索功能，包含拼写更正：如果用户拼写错关键字，Twitter 会自动显示用户期望的关键字的结果；关键字推荐：如果用户搜索由多个关键字组成的主题，Twitter 会根据其他用户输入的关键字向用户推荐关键字。同时还包含真实姓名和用户名的搜索，以及对于来自关注用户的搜索结果：除看到与关键字相关的"All"和"Top"消息外，如果选择了"People You Follow"视图，用户还能看到来自所关注账户的相关消息。①

---

① 《Twitter 升级搜索功能：可只搜索关注账户》，腾讯科技，http://tech.qq.com/a/20120707/000059.htm。

3. 建立数据分析系统

Twitter需要进一步挖掘用户的潜在价值,通过数据挖掘的方式,对用户的信息进行分类整理,同时通过"标签"工具的运用,对用户的兴趣、爱好进行详细的分类,并根据企业用户的需求,提供相应的数据,进行相应的精准营销与广告投放。

4. 开放平台策略

Twitter需要在巨大的用户背景的基础上,采用类似于Facebook的开放平台策略,吸引更多的第三方开发者基于API的接口,提供更多的应用程序,从而为增加用户的黏性及互动提供更多的方法与手段。Twitter于近期收购美国著名移动应用软件工具开发商Cabanba,更是体现了其在开放平台策略上的野心。该项收购不仅能够保证其官方的应用软件品质,还有助于其打造标准化开发平台,从而协助第三方软件开发商开发出更好的适应Twitter平台的产品,使其从单一的以文本交流为主的沟通模式中释放出来,在图片及视频领域有所建树。

四、价值体现

根据笔者所建立的社会化媒体商业模式分析架构,所有社会化媒体企业必然要完成作为企业的最终目的,即创造价值并获得回报——赢利。Twitter在成立6年之后,经历了用户的爆发式增长之后,必然进入相对稳定的发展阶段,因此,必须要解决好赢利模式、成本控制与管理团队这三大块,使企业进入良性循环中,最终将自身所创造的用户价值体现出来,从而实现可持续发展,成长为一家成功的社会化媒体企业。

第五章 国外主流社会化媒体商业模式分析

(一)赢利模式

作为移动互联网社会化媒体新贵,随着近年用户数量的高速增长与运营成本的持续攀升,Twitter已经开始了赢利模式的探索与尝试,但是距离赢利尚有很远的一段距离。

1.目前主要的赢利模式

(1)账号推广(Promote Accounts)

这是专门针对企业级用户推出的一项收费服务,对于付费购买这项服务的企业账号,Twitter会将其显示在用户的关注者列表的前端以及搜索结果的前端,但在其旁边会以一个黄色的小箭头及"promote"字样标注。这将很方便企业宣传自己的Twitter账号。Twitter通过官方博客解释了Promoted Accounts的工作原理:通过用户所关注的账户类型,利用算法来决定是否向其推荐广告主的Twitter账户。例如,关注多个游戏相关账户的人也会关注"@xbox"。如果有人关注了游戏相关的账户,却没有关注"@xbox",Twitter便会向此人推荐"@xbox"。在Promoted Accounts之前,Twitter已经在话题和个人Twitter信息中投放了广告。

(2)推文推广(Promote Tweets)

即广告主通过Twitter提问的方式发布相应的广告,其提问内容一般依据用户关注的内容来设计,随即对用户搜索的关键字进行关联锁定,一旦出现与广告主相关的内容,其推文将会被置顶在搜索用户的微博顶端,并按照时间顺序进行相关推文的排列,从而吸引相关用户的关注。对于不受用户欢迎,没有回应的Promoted Tweets,Twitter会适时取消,在其搜索结果内,一页只会展示一个Promoted Tweet。为了避免引起用户的反感,Promoted Tweets会"自我申明"

为广告,鼠标移过时会以黄色高亮显示。目前 Promoted Tweets 仅仅向 Twitter 直接的客户开放,未来有可能出现在第三方客户端上,并与第三方客户端分成。

(3)趋势推广(Promote Trend)

这是目前最受广告客户欢迎的广告推广模式,它直接将广告的内容插入 Twitter 最为热门的趋势主题的顶端,用户如果感兴趣点击的话,将直接进入商品的相关链接及详细页面。跟账号推广一样,该内容旁边依然有黄色的箭头及推广标志。由于趋势主题是每天用户关注及搜索最多的地方,因此非常适合广告主进行新品的发布与产品的推广。

(4)自助式广告(Sponsor AD)

是 Twitter 早期的一种广告形式,允许每个注册用户利用个人的影响力,与各类商家协商,在自己的 Twitter 账号里发布相关的广告信息,Twitter 从中抽取一定比例的广告费用。

2. 未来的赢利模式

(1)基于 LBS 的增值服务

笔者认为这是未来最有可能为 Twitter 带来增值的主要赢利方向。用户通过手机进行 GPS 定位,发送搜索需求时,Twitter 可以根据其所在方位标明周边的各项餐饮及娱乐服务设施,用户按照 Twitter 的推荐到商家进行消费并享受打折服务,商家在用户消费后按比例付给 Twitter 服务费用,相当于将 Foursqured 的应用直接整合到 Twitter 上来,利用 Twitter 的巨大流量及普及率实现双赢。

(2)社交游戏服务

借鉴 Facebook 的运营模式,支持第三方开发适用于 Twitter 平台的社交游戏,进一步增强用户的黏性,通过虚拟币的方式从用户购买游戏相关道具中分成。

(3) 个人增值服务

通过提供增值服务的方式直接向用户收费。Twitter可以提供付费用户的云端服务,使其享有专属的个人空间存储业务,同步上传各类手机资料。付费用户可以享受无广告干扰的Twitter搜索及查询服务,在图片及视频上传方面享受更加便捷的服务品质。

(4) 虚拟产品销售

可以借鉴Facebook的方法,提供虚拟生日蛋糕、电子贺卡及各种勋章作为朋友之间互动的礼品,通过明码标价的方式,促使用户互动与购买,从而利用增值服务的方式取得相应的收入。

(5) 基于平台的分成服务

主要通过进一步完善其平台标准及接口模式,吸引更多的第三方软件开发商开发基于API接口的各类应用程序,用户通过付费方式下载或者观看广告后免费下载,Twitter与开发商进行协议分成。

(二)成本控制

Twitter经过6年多的发展,已经从当初创业时的8人小公司成长为人数超过1000人的大型互联网科技公司,公司目前仍然处于高速的成长阶段,用户数的高速增长对于公司未来的运营及发展提出了更多、更复杂的要求。随着公司在世界各地开展业务,公司成员数量的增长非常迅速,同时由于用户数量的高速增长,带宽及通信费用也同步增长。此外,为了增强自己在应用平台方面的实力,Twitter对外收购活动频繁,为此也导致了成本的大幅攀升。因此,如何控制好运营成本及管理成本将是未来Twitter能否早日实现赢利的关键。

(三)管理团队

Twitter之所以取得了今天的成绩,与其管理团队的配合是密不可分的。Twitter创业初期的三位主要的联合创始人均是技术开发人员,其中灵魂人物杰克·多西当时仅仅是Obivous公司的一名程序员,比兹·斯通是他的同事兼搭档,埃文·威廉姆斯是博客的创始人与Obvious公司的CEO,相对来说拥有一些管理公司的经验。Twitter的初始架构是由多西担任CEO,威廉姆斯任公司的董事长,斯通任创意总监,公司在早期的成长阶段致力于如何让产品变得更加有吸引力,管理团队配合得还好。2008年后,随着Twitter在几个重大新闻报道中声名鹊起,公司两位主要创始人威廉姆斯与多西由于性格的差异,矛盾进一步激化,最终多西被董事会逐出公司,仅担任董事长这一象征性的职务,威廉姆斯则担任CEO并负责公司的整体运营工作。其间,Twitter进入爆发性增长期,用户人数暴涨至2009年的7000多万人,当时管理团队的管理能力远不能适应公司的成长速度,网站经常出现宕机,用户端会出现八只小鸟在打捞一只鲸鱼的经典动画形象。公司招募员工的速度相当缓慢,尽管当时公司已经融资1.5亿美金,但员工人数仅有110人左右,因此无法应对当时网站用户的飞速增长。

2009年新闻聚合网站Feedburner的创始人、谷歌公司前产品经理迪克·科斯托罗正式加盟Twitter,担任COO,负责公司的日常运营工作。科斯托罗的到来为Twitter带来了全新的管理理念,他立即着手成立专业的销售团队,负责Twitter的广告销售,一改Twitter不重视赢利渠道的传统做法。2010年10月,经董事会讨论,科斯托罗升任为公司的CEO,负责公司的整体运营及未来的上市工作。他重新搭建了Twitter的管理团队,增加了人力资源、商业与企业发展及国际业务的负责人,使公司的各项业务都走上正轨。新的管理团队带来了新气象,Twitter 找到了最适合自己发展的新型赢利模式,公司的董事长多西也重新被请回,目前与整个管理团队相处融洽。Twitter 在新的 CEO 的带领下,业务平稳增长,公司出现赢利的势头。Twitter 已经从一个年轻的技术型的创业公司逐步成长为具有开拓精神及良好发展势头的社会化媒体新贵。

通过 Twitter 管理团队的案例我们可以再次看出,在社会化媒体企业创业初期,好的创意与技术可能占的比重相对较大,但是随着产品的推出与用户的快速增长,必须引进专业化的外部管理团队,否则仅凭初期创业者的一腔热情很难处理公司高速成长过程中遇到的各类问题。同时,管理团队内部必须做到充分沟通,各司其职,创始人应当摆正自己的位置,专注于自己最擅长的领域,威廉姆斯的交权与多西的早期出走均是这一问题的写照。如果处理不当,Twitter 必将丧失发展机遇而被竞争对手所超越。

五、Twitter 的创新内部因素分析

(一)程序的需要

Twitter 的创立完全源于 Odeo 公司的一次头脑风暴会议,当时杰克·多西提出了一个个人使用手机短信来与小组交流沟通的设想,这个设想的灵感有一部分来自短信群组服务 TXTMob,后来推出的产品允许用户在 140 个字节之内将自己的最新状态及想法发布到网站上,并提供即时通讯及收发短信服务。它的发展完全符合彼得·德鲁克在《创新与创业精神》一书中对于"程序需要"这一创新内部机制的五项基本要素的界定。

1.一个独立的程序

Twitter通过编制一个独立的程序服务,使得用户可以方便快捷地利用手机随时将身边的所见所闻分享给好友或其他人。

2.一个无力或欠缺的环节

当时缺乏一种方便用户利用手机与群组进行互动的即时通讯手段,现有的短信沟通模式不能满足群体互动的需求。

3.对目标的清楚定义

Twitter当时创立时的目标很明确,就是基于移动平台创建一个方便用户与群组沟通的即时通讯工具,而不是传统的一对一的沟通模式。

4.解决方案的规格可以被清晰地加以界定

由于是基于手机短信提供的即时沟通服务,Twitter一开始就为了节约短信的收发成本将每一条推文的长度限制在140个字节之内,为用户用短、平、快的方式进行有效的即时沟通设立了清晰的标准。

5.对此信念的高度接受

Twitter一经推出,立即因方便快捷的沟通效率以及自媒体平台的传播效应而流行起来,用户数在短短的三年时间里就迅速突破亿人大关,由此可见其信念已被用户高度接受。

(二)产业与市场结构

Twitter的产生可谓恰恰抓住了互联网产业结构调整的机遇,当时的互联网行业正处于PC互联网入口向移动互联网入口转化的关键时期,3G的移动互联网应用时代已经开始启动,社会化媒体在PC领域里已经风生水起,Mypace及Facebook势头正猛,忙于争夺PC互联网时代社交网站的霸主地位。在移动互联网领域,相关的服务尚未出现,Twitter 的到来刚好弥补了这一空白,从而为自己迅速取得了相关领域的霸主地位。

六、Twitter 的创新外部因素分析

(一)认知的改变

1. 手机网民的出现

笔者通过分析认为,Twitter 的出现与流行与智能手机的出现与发展密不可分,尤其是苹果手机的推出,颠覆了传统手机的概念,手机的功能已经大大超越了语音通话这一基本职能,随着 3G 网络的普及以及更快更稳定的 4G 移动网络的出现,照片及多媒体文件通过移动互联网上传更为便捷。智能手机已经能够替代传统电脑 70%以上的功能,甚至更多,尤其在上网浏览方面,智能手机基本上可以完全替代电脑进行各类信息的获取。手机本身的便携性更加凸显了其优势,人们已经习惯用手机随时随地上网搜索、浏览各类信息,互联网的入口逐渐从 PC 向手机倾斜。

2. 时机的把握

对于基于认知改变的创新而言,时机的把握非常关键,当时互联网已经出现了一种新的社会化媒体形式——博客,它是一种典型的以个人为主的自媒体形式,用户每天可以将自己的所见所闻及心得体会在网页上记录下来与大家分享。而 Twitter 的三个创始人之一,威廉姆斯恰恰是博客这一社会化媒体的创建者。Twitter 的出现体现了三位创立者对于互联网发展未来趋势的把握。传统博客的书写需要大量的整块时间,而移动互联网时代的人们更习惯于利用各种碎片化的

时间,随时随地记载下自己的心得体会并上传到网上与亲朋好友分享。Twitter 成功地把握了这一用户潜在的需求,迅速推出了自己基于移动互联网短信的一对多的分享服务,并在不断的自我完善中牢牢地把握了移动互联网时代的入口。

(二)新知识

1.知识的聚合

在 Twitter 出现之前,各项前置的科技知识已经发展成熟,如基于互联网的博客技术,基于无线通讯网络的短信技术以及性能堪比传统 PC 的智能手机的出现并大量普及,3G 移动互联网络出现并大规模普及。Twitter 的出现实际上是将上述所有的科技知识进行了有机整合,将其发展成为移动互联网时代人们进行信息发布与共享的自媒体社交网络综合平台。它的成功与上述科技的发展密不可分,缺乏其中任意一条,它都不可能取得今天如此成功的地位。

2.接受性的赌博

Twitter 在创立之初只是一个实验性的项目,并未被人们所看好,只是用于内部员工之间的联系与沟通,但是其创始人杰克·多西坚信这 140 个字符会改变世界,并坚持在原公司已解散的情况下,利用 Twitter 与员工保持联系与沟通。随着 Twitter 逐步在各类聚会与新闻事件中崭露头角,最终证明了多西当时预言的正确性。

3.策略性的地位

Twitter 取得如今的成功与其创立者专注于策略性地位的研究有着密切的联系。Twitter 早期仅仅是个人与群体之间进行有效率的实时沟通的一种工具,三位创始人始终围绕着如何使用户的体验更加美

第五章 国外主流社会化媒体商业模式分析

好来改善其产品性能。他们致力于将 Twitter 从一个简单的移动互联网应用产品逐步打造成以用户与关注者互动为中心的开放式的移动互联网平台。随着用户规模的不断扩张，Twitter 的性能进一步得到完善，逐渐成为一个强有力的自媒体平台。它的出现改变了人们获取信息的传统范式，传统媒体在突发性及热点新闻的报道方面，完全无法同拥有庞大数目，遍布世界各地的 Twitter 用户相匹敌。Twitter 俨然成为当前地球的脉搏，随时反映全球各地的热点。借助于全球最大的自媒体平台这一策略性地位，Twitter 确立了其在移动互联网领域的霸主地位。

总结

根据最新 Twitter 官方统计数据，截至 2012 年 12 月 18 日，Twitter 月度活跃用户超过 2 亿人，作为当前移动互联网社会化媒体的最佳代表，从其出现到成为全球第二大社会化媒体企业，仅仅用了不到 7 年的时间，正如其主要创始人杰克·多西在 2007 年所写的那样，"人们可以通过这 140 个字符来改变世界"。三位创始人坚持将用户的体验放在第一位，在公司成立的前三年，始终致力于产品的更新与完善。在此期间，Twitter 凭借其简洁友好的界面与简单易用的功能，迅速成为社会化媒体领域里炙手可热的新星，其影响力随着其"what is happening"的口号遍及全球，吸引了大批的用户加入，其中包括美国总统奥巴马及工商、演艺界明星。Twitter 已经成为一个自我展示的最佳舞台。

通过对 Twitter 取得当前成功地位的原因的分析，笔者认为，正是由于 Twitter 的创业者致力于其价值主张的实现即以用户体验为主的自媒体沟通平台的构建，才为其赢得了海量用户的支持与使用，随着

社会化媒体商业模式创新研究

其产品功能的逐渐完善,通过结合自己产品的特点,在不影响用户体验的原则基础之上,深入挖掘适合自己产品特点的赢利模式,并最终发现适合自己的方案。随着 Twitter 破译广告赢利的密码,未来其发展必将步入稳定增长阶段,其海量的用户资源必将为其带来无限广阔的商业空间。

第三节 YouTube 的商业模式分析

作为社会化媒体领域的重要表现形式——UGC(User Generate Content,用户生产内容)的主要代表,世界最著名的视频分享网站 YouTube 是在 2005 年,由著名的在线支付公司 Palpay 的三位前雇员陈士骏(Steve Chen)、查德·赫利(Chad Hurley)与贾维德·卡里姆(Jawed Karim)在美国加州共同创立的。[①] 网站鼓励用户自由地上传自己拍摄的各类视频短片,可免费观看并与好友分享视频内容。YouTube 一经推出,立刻大受欢迎,迅速风靡全球,成为全球访问量最高的网站之一,截止到 2013 年 2 月,根据美国互联网流量监测机构 comScore 提供的数据,YouTube 的独立访问用户数达到 7.2 亿人,仅次于 Facebook 与 Google,排在第三位。

一、发展历史

YouTube 的创立源于 2005 年 2 月的一次偶然的事件,当时网站的两位创始人查德·赫利和陈士骏在加州陈的公寓里举办了一个晚

---

① Graham,Jefferson (November 21, 2005),"Video Websites Pop Up, Invite Postings", USA Today,http://www.usatoday.com/tech/news/techinnovations/2005-11-21-video-websites_x.htm. Retrieved July 28, 2006.

第五章 国外主流社会化媒体商业模式分析

餐派对,另一位创始人卡里姆由于远在外地未能参加,因此希望分享派对的视频资料,原本陈士骏尝试通过电子邮件发送,但由于文件过于庞大,邮件总被退回,尝试在线传递视频同样遭遇困难。于是两人开始在赫利的车库中一起研究,决心设计出更简单的解决方案——结果是创办了YouTube网站,通过完美的技术解决方案,支持各种类型的视频文件的上传与播放,用户可以在上面自由地分享各类自己喜爱的视频文件。该网站从2005年5月开始试运营,半年后正式投入商业运营,通过借鉴图片分享网站Flickr的设计理念与UGC的分享方式,YouTube迅速成为用户分享及寻找视频的首要选择,用户流量直线攀升,2006年7月公司对外宣布其日上传量高达6.5万部,日浏览次数超过1亿次。① 网站出色的表现吸引了大批风险投资商的关注。

2005年11月,硅谷著名风险投资企业美洲杉资本(Sequoia Capital)给YouTube网站第一期注资350万美元,2006年4月,红杉资本第二期注资800万美元,解决了其早期发展的资金瓶颈问题。获得风险投资是缓解YouTube这类网站发展初期融资困难的重要办法,从YouTube网站的迅猛发展来看,效果相当明显。随着YouTube网站实力不断增强,获得风险投资只是网站发展初期的融资渠道而已,大量的用户访问及视频资料上传需要巨大的空间与带宽,等到网站发展成熟,上市将是必然趋势。2006年10月,Google宣布以16.5亿美金的等价股票将YouTube并入Google上市。至此,YouTube创造了互联网公司最短时间上市的神话,彻底摆脱了视频网站早期发展的资金瓶颈,为网站的后续发展注入更大的资本动力。

---

① "YouTube Serves Up 100 Million Videos a Aay Online",USA Today,http://www.usatoday.com/tech/news/2006-07-16-YouTube-views_x.htm. 2006-07-16.

二、价值主张

作为社会化媒体的又一典型表现形式、全球最大的视频分享网站，YouTube 在创立短短不到一年半的时间里，就打败了传统的互联网巨头 Yahoo 及 Google 所提供的同样类型的服务，吸引了上亿的浏览次数，并上传了远超过传统媒体巨头几十年来所存储的视频内容总和。这与其创始人在创业初期所秉承的价值主张密不可分，它的意外成功更加明晰了其社会化媒体的属性。笔者将依据自己所勾画的社会化媒体商业模式架构分析图，对其商业模式进行详细的剖析。

（一）价值内涵

YouTube 网站在建立伊始就明确提出了"Broadcast Yourself"（表现自我）的口号，公司的所有服务均围绕着这一价值内涵进行。公司采用 Adobe Flash Video 技术及 HTML5 技术手段支持各种类型的视频文件播放，用户可以方便快捷地将自己拍摄或截取的各类视频文件上传到网站上，供人们观看并给予相应的评价。如果该视频浏览的次数非常多，YouTube 还会在视频中插播广告并跟原创者进行广告分成。傻瓜式的操作流程加上巨大的流量支持，YouTube 迅速成长为社会化媒体时代视频传播领域的霸主。

（二）用户参与

YouTube 成立的目的就是打造一个公共的视频播放平台，从而使任何人都可以公平、自由地发布各类视频内容，对别人发布的内容品头论足，将自己的某项心得体会以视频的方式展示出来并寻找有着共同兴趣爱好的朋友。

早期的 YouTube 主页就像是一个万花筒,上面几乎没有太多的文字,密密麻麻地横向排列着用户上传的各类视频,网站只是简单地将其进行了归类,任何用户都可以将自己身边有趣的、正在发生的事情拍摄下来,用户也可以利用简单的摄像工具自编自导,最终将其上传到 YouTube 上面,供全球的观众欣赏。鼓励用户上传自己的内容,也是网站初期获得高速增长的关键。网站成为一个面向全球观众的播客平台,各类观众在观赏视频内容的同时,可以对视频的内容进行评价,其评价内容会引起其他观众的反应甚至就视频的内容形成单独的社区进行讨论,视频的制作者会因此成名并通过 YouTube 的广告分成计划获利,成绩突出者甚至会发展成为 YouTube 平台上的个人的独立视频播放频道,并拥有大批忠实的粉丝,定期观看节目的更新。用户还可以利用社交网络将自己感兴趣的内容分享给亲朋好友,从而为网站带来更多的浏览量。

(三)用户管理

1. 个人账户

这是每一个真正享受 YouTube 各项服务的用户所必需的。个人可以通过电子邮件注册为 YouTube 的个人用户,从而拥有上传及浏览视频内容的双重权利。

在经历了 2010 年 3 月的全新改版之后,用户可以方便地在 YouTube 的主页左下角登录。登录后用户进入任意界面均将在右上角显示用户名,点开后可以进行诸如"我的收藏""我的频道"等个性化功能的设置与操作,非常方便用户管理自己的账号。

2. 频道设置

登录用户可以在 YouTube 里定制自己感兴趣的频道,从而在登录后形成自己个性化的频道页面。主页左侧为用户定制的感兴趣的各类频道,下次登录时会自动出现在主页的左侧,方便用户随时点入观看。中间将显示各个定制频道的最新上传内容,最右侧是YouTube推荐给用户的频道,以供用户点选。通过这种设置,用户相当于拥有了自己专属的YouTube网站,可以随时查看、管理自己的内容更新。

3. 视频管理

经过改版,新的视频页面有了很大变化。用户在新页面上可以直接看到有多少人观看了这个视频,有多少人顶(或踩)了这个视频,可以直接分享或者举报。还有上传者评论、热门评论和视频回复等。最方便的是,你可以直接在视频页面上订阅该上传者的频道,观看他(她)上传的其他视频的列表,这不需要你打开一个新页面,也不会中断你正在观看的视频。右边一列是YouTube根据你所看的视频类型向你推荐的视频。①

4. 视频统计

在一些热门的视频内容里,YouTube提供了详细的视频分析数据,包括总的播放次数、正面与负面的评价数量、被用户收藏的次数、视频上线的时间、与该视频相关的重要事件列表、受众人群的性别及年龄分析等,非常方便相关的评测机构进行数据参考及进一步的数据挖掘工作。

5. 上传限制

早期YouTube甚至对用户上传的内容长度没有任何限制,因而导致了在用户大量上传自制内容的同时,盗版视频大行其道,后者也

---

① 百度百科"YouTube",http://baike.baidu.com/view/357961.htm。

第五章 国外主流社会化媒体商业模式分析

占用了大量的带宽资源与存储空间。2006年3月起,YouTube将用户的上传内容长度限制在10分钟以内,防止大量的盗版长视频的上传。2010年7月,这一限制被延长至15分钟。随着盗版鉴别技术的出现,YouTube又逐步取消了上传限制,只是根据用户的级别,将上传文件的大小限制为2G以内或者20G以内。

6. 新功能测试

为了保证新开发的功能符合用户的实际需求,YouTube专门开辟了一个频道——Test Tube,用来发布一些新开发的功能,供用户试用。用户可以发表某个新功能的试用感受,帮助YouTube不断完善其功能设计。对于不受用户欢迎的新功能,YouTube将予以放弃,不放入其正式页面中去。

7. 版权保护

早期的YouTube为了吸引用户,对于上传的内容不加限制,导致了大批盗版视频资料的上传,因此遭到各大媒体的控诉。在并入Google之前,YouTube加强了对于版权的保护,用户如果上传了未经授权的数字内容,如果该用户被举报三次侵权行为,其账户将被YouTube删除。① 在并入Google之后,YouTube专门开发了内容识别的数据库系统,用户如果再次上传未经授权的数字内容,其新增的版权检测系统将会很快发现,YouTube将及时通知版权所有方是选择删除还是同YouTube进行广告分成。

---

① "Is YouTube's Three-strike Rule Fair to Users", BBC News (London), http://news.bbc.co.uk/1/hi/programmes/click_online/8696716.stm. 2010—07—21.

三、价值构建

(一)市场定位

从创立伊始,YouTube 就将自己定位为一个社区性质的视频分享网站。创立初期的草根情怀具有典型的社会化媒体企业特征,完全基于用户参与及互动风格进行网站设计。网站的绝大多数内容均是由用户制作并上传。公司被 Google 收购时,员工人数才 30 人左右,却已经拥有超过亿次的浏览次数。这是依靠传统的内容产方式所不能想象的。公司始终坚持 UGC 的内容生产方式,一切网站功能设计均围绕着用户自助的方式进行,用户可以自由地定制频道,开创自己的个人品牌,鼓励用户用摄像头随时捕捉自己身边发生的各类事件,并及时上传到 YouTube 上,供全世界的人分享。YouTube 坚持不懈地通过各类技术手段巩固自己网络视频发布平台第一品牌的地位。

(二)资源配置

1. 品牌优势

YouTube 的核心资源在于其凭借早期的 UGC 模式迅速成长为全球最大的视频资料的数据库及视频发布平台。YouTube 拥有全球最全的数字化视频资料,通过视频搜索,用户可以搜索到任何类型的视频内容,其中包括一些古老的胶片视频资料。这些视频资料均是由发烧友自发地将其转换为数字格式并上传到 YouTube 平台上的,极大地方便了大众查阅与学习。

2. 带宽优势

为了保证如此巨大的视频资料的流畅播放,YouTube 每年投入数亿美金进行存储设备及网络带宽的升级,占公司运营成本的绝大多数。这也是 YouTube 短期内无法赢利的关键因素。

3. 独特的视频服务社区定位

"从创立第一天起,我们就致力于构建视频服务的社区。在这一点上,我们和 iTunes 或 Google 有很大不同。"[①]同样具有视频搜索功能,在网站未被 Google 收购之前,为什么 YouTube 的视频市场份额高达 42.9%,而 Google 视频仅为 6.5%? 这与两个网站的不同定位有极大关系。Google 满足了每个人针对不同关键词的搜索需求,但 YouTube 则更关注呈现方式,着眼于分类信息和视频社区的服务。社区性即虚拟社区成为培养网络用户忠诚度的重要方式。

4. 技术优势

目前 YouTube 网站几乎支持所有的视频文件播放格式,从基于 Adobe 的 Flash 技术到最新的基于智能手机的 3GP 技术,从而使用户能够方便地通过智能手机进行视频的拍摄与上传。

5. 资金优势

背靠世界最大的互联网巨头 Google,YouTube 的现金流足以支撑其继续在无法赢利的情况下正常运转并持续高额投入。

6. Google 生态系统

作为 Google 互联网生态系统的重要环节,YouTube 依靠 Google 的传统搜索引擎服务即可获得大量的流量,随着 Google 内部社交平台产品 Google+的逐步发力,YouTube 将在 Google 社会化媒体平台的整体策略下逐渐凸显其独特的商业价值。

---

① 来自 YouTube 创始人陈世骏的一次电视采访。

(三)核心行动

虽然在创立不到一年半左右就被 Google 收购并头顶世界第三大访问量网站的光环,但是 YouTube 尚未走出亏损的泥潭,如何在继续巩固其全球第一视频网站的品牌地位的同时将巨额的流量转化为真金白银,并进一步降低其带宽运营成本将是 YouTube 实现赢利的关键。

1. 全球本地化

从 2007 年 6 月在巴黎宣布开展全球本地化服务开始,YouTube 目前已经拥有 51 种语言版本,可以根据网民的电脑语言自动转换为相应的语言版本,并根据当地居民的浏览习惯展示相应的热门视频。全球本地化的开展,必将为 YouTube 跳出美国,开展国际化业务打开方便之门,带来更多的收入。

2. 大力拓展广告代理

YouTube 在全球大力拓展广告代理业务,允许各类广告代理商销售其广告位置,帮助 YouTube 将流量尽快转化为真金白银。

3. 技术升级

带宽成本是阻碍 YouTube 赢利的关键,为此,Google 于 2010 年 2 月以换股的方式将美国著名的视频压缩技术厂商 On2 收入囊中,其目的就是为了利用其核心的技术帮助 YouTube 降低对带宽资源的占用。

4. 内容丰富:个体、机构双渠道并重

在创建初期,YouTube 主要是一个共享家庭录像的网站。随着网站浏览量的扩大,内容提供的多渠道和多元化成为网站发展的迫切

需要。YouTube 开始逐步由共享家庭录像的网站向主流娱乐提供商转型。YouTube 着手拓宽内容供应渠道，和相关机构展开合作，现已与美国华纳等多家唱片公司建立了合作关系，为网民每日免费提供数千部音乐电视节目。这标志着 YouTube 的内容渠道由个人服务为主向个人、机构并重转变。

5. 资助原创频道开发内容

2012 年 10 月 8 日，据国外媒体报道，YouTube 正在全球范围内推广一项计划。根据这项计划，YouTube 将向传媒公司和一些名人提供数亿美元的资金，为网站制作专业级的内容。YouTube 表示，已经签署了多项协议，向德国、法国、英国和美国的视频制作商预先提供资金，在其网站上打造体育、健康和喜剧等类别的 60 多个原创"频道"。投资的新频道旨在制作高质量的节目，让广告主放心投放广告。YouTube 此举的目的在于吸引更多的广告主，以提高广告收入。[1]

6. 进军电视业务

自 2012 年起，YouTube 开始大力推广电视与移动设备的"配对"功能，它能让观众在移动设备上寻找自己想看的视频，然后再传到电视上观看。用户无须访问特定移动网站即可连接这些新设备，"配对"功能不但能让用户在电视上观看已收藏或下载到手机或平板电脑上的 YouTube 精彩视频，还能把这些视频加入播放列表依次播放；此外，同一网络内的多名移动用户可以向同一个播放列表添加视频。除了"配对"之外，YouTube 还将提供更简洁的新版电视用户界面，它能

---

[1] 中国互联网研究中心：《YouTube 拟资助国外内容制作商拓展频道战略》，http://www.ime19.com/d—25409.html。

社会化媒体商业模式创新研究

让用户利用传统的电视遥控器轻松切换频道,播放用户订阅的信息流(feeds)①。这一技术的推出将极大地提升 YouTube 的广告投放价值。

四、价值体现

YouTube 并入 Google 上市 6 年以来,尚未对外披露公开赢利信息,而在其后创立的以播放正版长视频起家的 Hulu 早已实现赢利。如何将巨大的流量转化成真正的商业价值,这是始终困扰社会化媒体企业的一个关键性难题,当今社交媒体的第一巨头 Facebook 也同样经历了 8 年的漫长发展,才摸索出一条符合自己商业价值的赢利模式,从而实现了赢利并成功上市。反观 YouTube,随着这些年的不断积累,YouTube 的核心战略正在逐渐形成,公司的整体收益正在不断上升,随着对其赢利模式的不断探索,外部具有媒体营销经验的管理团队的加盟,以及技术升级带来的带宽资费下降,世界第一大视频网站必将实现赢利并真正体现自己的商业价值。

(一)赢利模式

1. 广告收入分成模式

目前,广告收入分成依然是 YouTube 最主要的赢利模式。YouTube 将广告插播在热门视频的前面或者放置在热门视频周围的醒目之处,通过与视频的制作方进行广告分成的方式取得收入。这种方式充分体现了 YouTube 的社会化媒体特征,用户创造内容,YouTube 提供播放平台,YouTube 同视频生产者分享广告收入,从而实现用户与

---

① 中国互联网研究中心:《YouTube 大力推广电视与移动设备"配对"功能》,http://www.ime19.com/d-41241.html。

YouTube 的双赢。很多个人视频内容生产者通过 YouTube 成为收入过百万美金的受益者。这种分成模式也鼓励了更多的专业视频制作者在 YouTube 上开辟自己的频道,制作更多的符合用户需求的高水准视频,从而实现良性的商业循环。

2. 视频推广费用

在被 Google 收购之后,YouTube 也开始采取类似于 Google 竞价搜索排名的模式,通过收取推广费,将付费用户置于搜索相关结果的前列,由此提升该视频的浏览量。具体操作方式为,需要推广视频内容的用户向 YouTube 付费,YouTube 给予其更高的"喜爱"评价,普通浏览者很难区分哪些评价是系统生成的,哪些是真正的由用户给予的,从而吸引更多用户的浏览,而 YouTube 可通过广告分成的方式再次获利。

3. 主页位置竞拍

改版之后,YouTube 主页的中间位置都留给需要投放自己广告的客户。客户可以拍摄一段精彩的有关自己产品的专业视频放在 YouTube 主页的显著位置,并在旁边进行文字说明,吸引大批的用户观看。

4. 官方品牌频道服务费

目前,很多著名品牌的厂商均在 YouTube 设立了自己的官方频道,在上面发布各自最新产品的视频短片,YouTube 通过提供视频发布平台及相应的用户分析数据,收取各项增值服务费用。

5. 影片租赁

目前,YouTube 也开始与版权方合作,提供正版的长视频租赁服务,其主要是作为版权方的分销渠道,用户按观看次数购买。目前

YouTube 已经和环球影视、索尼、华纳兄弟等影视巨头达成协议,对方提供内容供 YouTube 使用并进行租赁费用分成。

6.移动客户端广告

2012 年 9 月,YouTube 在 iOS 平台上推出了新版本的客户端应用,新客户端包含广告功能。也就是说,客户用其观看的每一个视频片段,都能给 YouTube 带来收益。目前,每天有超过 10 亿人次通过移动设备观看 YouTube 视频,已占据其总流量的 25%——将这一部分人变成广告点击贡献者,将会极大提升 YouTube 的商业价值。[1]

7.电子商务

从 2008 年起,YouTube 开始推出基于电子商务的分成服务,其特点是将热门的音乐及游戏视频等的精彩片段放在网站上供用户观看,感兴趣的用户可以点击屏幕下方的购买按钮。这个按钮会把用户引导到亚马逊公司的 MP3 商店或者苹果的 iTunes 商店,用户就可以购买自己感兴趣的歌曲或游戏,YouTube 通过用户的购买收取相应的销售提成。

8.付费频道服务

据 AdAge.com 报道,Google 计划跟 Machinima、Maker Studios 和 Fullscreen 等人气频道合作,推出相应的付费频道,与此同时还将推出全新的内容品牌。[2] 鉴于 YouTube 已经开始提供影片租赁服务,用户也接受了付费点播的理念,配合其电视及移动终端策略,未来优质内容频道的推出必将成为 YouTube 新的营收来源。

---

[1] 《谷歌发布 YouTube 客户端广告收入激增》,网易手机,http://mobile.163.com/12/0911/17/8B50LFQO001166IG.html。
[2] 中国移动互联网研究中心:《传谷歌与 YouTube 洽谈欲推付费频道》,http://www.ime19.com/d—45728.html。

第五章 国外主流社会化媒体商业模式分析

(二)成本控制

YouTube从创立始,一直都被认为是互联网企业中"烧钱"最多的企业,由于其视频网站的特点,天生就需要大量的宽带资源与存储空间,鉴于其网站自身的特点,笔者认为其成本构成主要有以下几个方面。

1.带宽成本

随着其流量的急速攀升,目前YouTube稳居全球流量最大网站的前三甲行列,由于其每天上传及浏览的视频数量巨大,2012年初,据Google宣布,YouTube的日浏览量已经达到40亿次,并继续保持增长势头。据互联网流量监测机构comScore的数据显示,YouTube每个季度的流量环比增幅达到20%左右。如此巨大的流量造成YouTube的运营成本始终居高不下,并随着流量的增长而加速增长。美国一家专门向ISP提供专业设备的公司"阿伯尔网络"(Arbor Networks)发布报告指出,Google过去投资购买了一些电信公司投资建设,但是并没有投入使用的光纤,业界俗称"暗光纤",Google利用这些光纤将服务用户的数据传输到其他国家和地区的网络,而Google利用这些光纤资源和其他ISP签署了带宽交换协议,即其他接入商可以免费使用Google的光纤网络。这样下来,Google的宽带费用几乎为零,所有的费用只是光纤和路由器的折旧。① 由此可见,传统意义上的带宽定价模式不适用于YouTube。同时,随着用户规模及数据内容的不断增加,最终带宽的成本将被进一步分摊到迅速增加的广告收入中去,并不断下降。

---

① 《报告称YouTube带宽成本几乎为零》,新浪科技,http://tech.sina.com.cn/i/2009—10—17/10583515309.shtml。

2. 存储成本

YouTube 的视频点播量已经于 2012 年初突破 1 万亿次,以最近爆红的视频《江南 Style》为例,据网络工程师阿玛尔·普拉卜(Amar Prabhu)在《福布斯》杂志上撰文估算,若想解码并储存一段时长约 4 分 15 秒的视频,至少需要 80 个不同的文件,还有 6 种不同的分辨率(低分辨率、中等分辨率、SD、qHD、HD、Full HD)、3 种不同的设备(PC、平板电脑、移动设备)以及 4 种不同的编码方式(MP4/H264、WebM/VP8、flv/H264 和 3GP/MP4V)。参照亚马逊云计算服务的成本,储存和解码 1GB 内容的成本为 0.025 美元;经过标准压缩,总计需要 2.8GB 空间;在最多 30 个地方的三重冗余存储的成本为 2.2 美元。[①] 而 YouTube 上每天都有海量的视频上传,必将造成沉重的运营成本压力,Google 于 2010 年 2 月对美国著名压缩视频技术厂商 ON2 的收购,就是为了降低 YouTube 的存储成本。2013 年,为了提高 YouTube 与 Gmail 在亚太地区的服务速度,Google 在中国台湾、香港及新加坡三地建造数据中心,以提升 YouTube 在亚太地区的服务质量,同时降低存储成本。

(三)管理团队

YouTube 在创立初期,主要由两位联合创始人查德·赫利与陈士骏共同打理,其中,赫利担任 CEO 负责公司的日常运营,陈士骏则负责公司的技术研发。赫利之前毕业于美国宾夕法尼亚州印第安纳大学设计专业,曾是美国著名在线支付公司 Paypal 的首席设计师,因此在网站设计方面得心应手。陈士骏则是伊利诺伊大学计算机专业

[①] 《〈江南 Style〉点击或达 10 亿:YouTube 仅赚 5 万美元》,新浪科技,http://tech.sina.com.cn/i/2012-10-30/16347753660.shtml。

第五章 国外主流社会化媒体商业模式分析

的学生,在 Paypal 负责软件设计。因此对于一个视频网站而言,二人可谓是黄金搭档。伴随着公司的迅速发展,Paypal 的前任首席财务官鲁洛夫·博塔(Roelof Botha)也加入公司成为董事,负责公司的营运管理。

由于初期 YouTube 借鉴了早期的图片分享网站 Flickr 的设计理念,坚持走社会化媒体性质的 UGC 路线,最终使网站取得了爆发式的增长。由于早期所有的内容均是由用户创造的,因此 YouTube 早期员工数量极少,主要负责研发及网站的日常维护工作。Google 在 2006 年收购 YouTube 之后,依然保持其相对独立的运营团队。2010 年 10 月 29 日,在并购了 YouTube 4 年之后,由于长期无法赢利,Google 宣布任命其高级副总裁萨拉尔·卡曼加(Salar Kamangar)担任 YouTube 的 CEO,全面推进 YouTube 的业务发展。①

卡曼加以优异成绩获得斯坦福大学生物科学理学学士学位,在 Google 产品的货币化方面有着杰出的贡献,他主导并编写了 Google 的第一份商业策划书并成为 Google 产品团队里的创始人员,带领 Google 的工程团队开发出了 Google 里程碑式的营销工具 AdWords。② 卡曼加加入 YouTube 后,成功地主导了 YouTube 的页面改版工作,扭转了 YouTube 原先杂乱无章的野蛮成长的状态,将其逐步打造成为一个更加以用户为导向的专业化的网络视频分享平台。在其主导下,YouTube 迅速开展了更多的专业化的媒体内容合作与开发工作,公司的赢利水平得到了极大的提升,并开始出现赢利的势头。

---

① Salon,"YouTube Co—Founder Steps Down as CEO",http://www.salon.com/2010/10/29/us_tec_google_youtube_founder/2010—10—29.
② 百度百科"萨拉尔·卡曼加(Salar Kamangar)",http://baike.baidu.com/view/6252018.htm?fromId=533328.

五、YouTube 创新的内部因素分析

(一)意料之外的事件

1. 意外的失败

从 YouTube 的创业历史我们可以看出,YouTube 源于一次失败的网上上传视频经历。对于普通人而言,顶多是无奈地放弃。而对于 YouTube 的两位创业者而言,他们从中嗅到了创新的机遇。他们认为一定有大量的用户存在着同样的经历,渴望将自己的视频文件分享给其他人,共同体会那种快乐的瞬间。于是赫利与陈士骏二人一拍即合,立即着手创立 YouTube 并取得了空前的成功。

2. 意外的成功

从 YouTube2005 年下半年正式运行到跃升为全球第一大视频分享网站并被 Google 收购,总共花了一年半的时间,对于两位不到 30 岁的创业者而言,可谓是意料之外的成功,但是,两位创始人并未满足于当前的成就,在被 Google 收购之后,始终保持 YouTube 相对独立的运营,并坚持 YouTube 的用户生产内容(UGC)的社会化媒体特点,不为短期的赢利所驱动,最终领导 YouTube 走出了一条社会化媒体的独特发展道路。

(二)不一致的状况

YouTube 在成立的初期,并未对用户的上传文件进行长度限制,因此导致用户大量上传各类盗版的长视频影视资料。但这也是早期促使网站飞速增长的主要动力之一,这些作品吸引了大批用户前来观看,因此导致了流量的激增。随着 Google 宣布要对其进行收购,几大

媒体巨头纷纷表示要对 YouTube 提起盗版的诉讼,一旦败诉势必影响网站未来的发展,当年如日中天的音乐分享网站 Napster 就是由于版权的原因而导致破产的。YouTube 为了避免同样的悲剧发生,在并入 Google 前对所有的非授权视频内容进行了整顿,并鼓励用户举报,同时对于用户的上传文件播放时长进行了限制,不允许超过 10 分钟,从而避免了盗版现象的蔓延。同时,通过 Google 与各大媒体巨头谈判,YouTube 形成了新的广告商业模式,即一旦发现盗版视频,版权方可以选择删除或是继续保留,并与 YouTube 进行广告分成。通过此种方式,YouTube 变不利为有利,与维亚康姆等媒体巨头相继达成授权协议,授权其在美国境内播放正版视频,进行广告分成,并协助对方开展网上影片租赁服务,从而节约了版权方面的大量成本。

六、YouTube 成功的外部因素分析

(一)人们认知的改变

YouTube 创立的时期正是社会化媒体崭露头角的时期,人们已经不再满足于 Web1.0 时代大家躲在屏幕后面观看各类专业化媒体精英撰写的各类文章、拍摄的各种精美的视频。大家渴望发出自己的声音,希望拥有自己个性化的媒体播放平台,于是各种社会化媒体工具应运而生。当时社交网络已经风生水起,Myspace 上充斥着各种图片与视频文件。图片分享网站 Flickr 的成功更是为 YouTube 的两位主要创始人提供了大量的灵感与理念。因此,YouTube 自推出伊始就提出了"Broadcast Yourself"的鲜明口号,并以 UGC 为中心,围绕用户设立了从视频上传到分享管理的傻瓜式的操作方式。同时在初期对于用户上传的内容完全不设限,秉承开放、公开、透明的原则,吸引了大批的用户上来分享、发布自己的各类视频内容,开辟自己的个性化网络电视台。

(二)新技术的出现

任何一种社会化媒体的出现与流行一定与其背后的技术支持分不开。YouTube更是如此。YouTube的发展恰逢两个主要技术成熟与革新。首先是美国的宽带已经普及,从早期的拨号上网技术过渡到宽带高速上网技术。带宽已经不再是视频播放的主要瓶颈。其次,基于Adobe公司的Flash流媒体播放技术已经非常普及,几乎支持75%以上的浏览器,因此,YouTube在二者的基础上,开发出的网络平台几乎支持任何用户上传的视频文件格式。同时,随着后续技术的发展,公司在HTML5技术的基础上进一步优化与开发,从而保证了各类视频文件在网站上的正常运行。用户无须下载任何播放工具,直接在网页上就可以完成从上传文件到点击播放的所有环节。因此,新技术的成熟也是YouTube成功的必备条件。

总结

根据2013年权威流量统计机构Alexa的排名,YouTube紧跟在搜索巨头Google与社交媒体巨头Facebook之后,排名第三位。而在视频搜索及视频网站领域,YouTube稳居第一的位置已经整整6年,如今随着新任CEO萨拉尔的专业化经营,YouTube已经形成了自己独特的视频网站商业模式,整体的风格更加专业、有序,从早期的业余、恶搞风格的病毒视频逐渐演变成专业化的个人与机构制作的视频内容,大批个性化的、高品质的视频内容频道开始出现,并引起各大企业的市场营销人员的关注,尤其是各个频道所拥有的个性化的忠实粉

第五章 国外主流社会化媒体商业模式分析

丝与便捷的互动设置更是加大了其广告的投放价值。随着Google对于自己社交网络平台Google+的进一步发力,Google已经围绕自己的品牌打造出了一个以Gmail为用户ID,包含搜索社交与视频的全方位互联网生态系统,其中,YouTube由于其内容的优势成为其中的关键环节。相对于只播放专业长视频的竞争对手Hulu的区区4.5亿美元的营收,YouTube2013年的总毛收入达到35亿美元。Google在向合作伙伴提供一些分成之后,还能够从YouTube那儿获得24亿美元的净收入。Google也曾在不同的场合表示,YouTube正在实现赢利。经过长达6年的发展,YouTube为视频分享网站闯出了一条典型的社会化媒体商业模式道路,其关键在于拥有足够的耐心与信心,不能仅关注短期的利润,而是始终将网站流量的增长作为首要任务,在新的社会化媒体游戏规则下不断探索,最终将流量转化为真正的商业价值。

第六章　中外社会化媒体商业模式对比及创新分析

第一节　中外社会化媒体商业模式对比

通过前两个章节对中外典型的社会化媒体企业的分析，笔者认为，中外社会化媒体在商业模式方面既存在共性，也有很大的不同之处。美国硅谷作为全球互联网创新的中心与源泉，始终在引领着全球互联网企业技术与商业的潮流。随着世界变得越来越平坦，美国的创新模式很快就会被中国的先行者所关注并照搬到国内。但是，笔者通过对上述案例的分析发现，对于社会化媒体企业而言，如果仅仅单纯地照搬美国的商业模式，最终很难取得成功，凡是在中国已取得成功的社会化媒体企业，均在早期照搬美国模式的过程中，根据中国的市场及民族文化特点进行了本地化的改造和创新，这恰恰对应了美国著名作家托马斯·弗里德曼（Thomas Friedman）在其著作《世界是平的》一书中所提到的，"在平坦的世界里，商业模式的很多方面都可以很容易地被商品化和复制。因此，如何与众不同地经营变得更为重要"。①

---

① 〔美〕托马斯·弗里德曼：《世界是平的》，湖南科学技术出版社 2012 年版，第 377 页。

为了更加清楚地阐述这种商业模式上的共通与差异,笔者将上述两个章节中的国内外相关社会化媒体企业进行相应的对比分析,从笔者搭建的社会化媒体企业商业模式的创新架构的 9 个要素出发,深入研究两者在相关领域的独特经营之道。

一、Facebook 与微信

(一)价值主张

1.价值内涵

Facebook 的价值内涵——"To a more open and connected world (致力于一个更加开放和连接的世界)"。就像其创始人马克·扎克伯格所说的:"一个透明度高的世界,其组织会更好,也会更公平。"而微信由于是基于移动互联网的社交工具,更加强调为用户带来一种在移动互联网时代通讯沟通的极致体验。前者立足于一个伟大的理想,希望通过自己的产品去改变世界;后者则更加注重从产品的本身功能出发。这也与其产生的渊源有关,前者属于"破坏性的创造",开创了一个新的互联网媒体时代;后者属于"创意性模仿",在已有的创新基础上加以改造与完善,属于微创新。前者更加注重开放与透明,因此在用户的隐私保护方面一直在试图寻找一种相对均衡的状态;后者更加强调私密性与用户体验,用户的自主性相对更强。

2.用户参与

Facebook 在用户参与方面强调真实性与透明性,Facebook 要求必须进行实名注册并经过系统好友的认证,之后,系统会自动为你列示出相关好友,以及你可能感兴趣的人,如果你认为哪个人比较有趣,就可以查看对方的真实资料,并与对方打招呼。对方同时也可以查询你的真实资料。因此,在 Facebook 上,人人都是平等的,都是真实的,大家无法戴着面具生存,只能坦诚相对,因此,鼓励你去结识更多的新的朋友。鉴于用户对于隐私过度曝光的担忧,目前 Facebook 允许用户自己设置哪些信息可以分享,哪些信息不允许陌生人分享。而相比之下,微信更强调通过手机通讯录注册,更具移动互联网优势,朋友圈中大都是现实生活中经常遇到的熟人,因此彼此之间的互动更加频繁。但是,微信与 Facebook 的最大区别在于,前者在用户参与中更加强调已有用户之间的沟通与互动,更加注重用户的私密性,用户的资料在未经允许之前,陌生人无法得到详细的信息,其"摇一摇"及查找周围的人等功能,更加强调一种社交的趣味性与偶然性,更具游戏特质,成为现实中陌生人搭讪的一种常用工具,这也是微信能够迅速推广的主要因素之一。

3. 用户管理

Facebook 在用户管理方面做得更加细致。Facebook 的核心商业价值主要依赖于对用户信息的管理与挖掘,用户只要完成注册,系统就会自动生成社交图谱,好友状态更新、用户日常的登录状况、与好友的互动内容、感兴趣的话题、关注的各类事物,都成为 Facebook 庞大的用户数据库的一部分。Facebook 可以分析用户的海量信息,列出用户的喜好与倾向,随时了解用户目前的状态,为此,Facebook 设计了针对用户需求的定制式的广告形式,这也是 Facebook 实现货币化的关键。相对而言,微信还处于发展的早期阶段,更加侧重于用户的增长与体验,因此,在用户的管理方面,微信目前还处在探索阶段。相对于其母公司腾讯对 QQ 的早期商业化开发,微信更加侧重与用户之间的多媒体性质的互动与分享。随着微信使用手机注册愈发普遍,其未来社会化媒体账号的能力将进一步得到强化,用户信息的真实性将更加可靠,未来的商业价值与增值空间将无限广阔。

(二)价值构建

1. 市场定位

随着用户规模的不断扩展,Facebook 所做的独一无二的事情就是维护用户的个人主页和人际关系网络,其他的事情均外包出去,由第三方软件开发商来完善。随着其于 2007 年发布 F8 开发者平台,Facebook 正式启动其互联网平台战略。从其目前的发展态势来看,Facebook 已经通过对用户个人信息的牢牢把握,将自己打造成为用户上网的个人化接口,其开发者联盟的战略,使其逐渐成长为一个独特的互联网生态系统,用户可以在这里享受一站式的服务,从动态更新到电子商务几乎无所不包,但是在移动互联网应用层面,Facebook 的现有系统显得过于臃肿,无法满足用户方便、快捷的响应需求。2014 年 2 月,Facebook 斥资近 190 亿美金收购即时通讯公司 WhatsApp,就是为了弥补自己在移动通讯领域的不足。①

微信从一开始就将自己定位于移动互联网的沟通体验平台,所有的战略都是围绕着如何使用户更加方便快捷地利用移动互联网进行沟通来制定的。2012 年 4 月 19 日,微信 iOS 客户端 4.0 版本正式发布,加入相册功能,同时推出移动社交功能"朋友圈"。此外,微信 4.0 版本开放接口,支持第三方应用接入微信。由此,微信从一个单纯的聊天工具演变为一个移动社交平台。②

与此同时,微信已经打通了腾讯旗下的主要产品及应用,用户使

---

① 《Facebook 190 亿美元收购 Whats App 应对移动冲击》,腾讯科技,http://tech.qq.com/a/20140220/003691.htm,2014－02－20。
② 《微信开放接口支持第三方应用》,腾讯科技,http://tech.qq.com/a/20120426/000231.htm,2010－04－26。

用微信号就可以在QQ、邮箱、腾讯微博等自由登录,进一步形成了优势资源的互通互联,强化了其社交领域的竞争优势。

2. 资源配置

在资源配置方面,Facebook目前拥有世界级的数据中心,分支机构遍布世界各地,用户可以在全球范围内与所有的Facebook用户进行自由的交流。Facebook已经成长为互联网上的一个独立的国家,它所拥有的用户人数仅次于中国的人口。目前,Facebook拥有将近5000名员工,相对于2012年IPO时的3000多名员工,新增加的员工几乎都投入到移动互联网的相关产品开发中,确保Facebook将PC时代的优势扩展到移动互联网中。微信从起步开始,就是以移动互联网为基础开发的产品,从早期的基于免费短信的功能,到后来的语音对讲以及社交功能的不断植入,微信的每一步发展均是在不断地试错中前进。目前微信已经拥有了移动社交媒体所必备的基本功能,并关注用户社交背后所蕴藏的机遇与潜力,而腾讯本身就是中国互联网即时通讯领域当之无愧的霸主,其基于PC互联网时代所积累的大量用户资源以及由此所产生的在用户增值服务及在线游戏运营方面的丰富货币化经验,为微信未来打通全线产业链奠定了绝对的竞争优势。

3. 核心行动

Facebook目前正在全球除美国外的其他地区设立数据中心,从而增强其在世界范围内的服务响应能力及竞争优势。此外,它大批招聘移动互联网领域的开发人才,致力于改变其在移动互联网领域响应缓慢的市场印象。它对照片分享网站Instagram的收购以及对基于手机LBS功能提供服务的Tagtile的收购均体现了其发力移动互联网的决心。微信作为腾讯旗下最受瞩目的移动互联网应用平台,目前已经开始布局全球市场。2013年,腾讯组建北美团队,发力于Facebook

的根据地,未来,随着其推广速度的加快,必然在移动社交领域与Facebook展开面对面的竞争。同时,随着微信在国内各项产业链的打造逐渐完成,其完整的商业模式即将出现,未来一两年将是微信发力移动互联网的关键时期。

(三)价值体现

1. 赢利模式

目前Facebook已经找到了自己的独特赢利模式,主要是根据其对于用户信息的掌握,为用户推荐各种可能感兴趣的定制化广告。同时,Facebook通过其平台战略,以发行虚拟币的方式(据说模仿自Q币),从平台上的游戏玩家手中获得大量的提成。微信目前的商业模式正在探索当中,其公共服务平台的开发与二维码服务的推广以及会员卡的战略,都表明了它已经迈出了试水商业化的步伐。在传统互联网领域拥有丰富赢利经验的腾讯,必将在移动互联网领域挖掘出新的赢利点,未来随着腾讯财付通功能的加入,势必形成"二维码+账户体系+LBS+支付+熟人关系链"的闭环商业架构,配合腾讯原本的资源优势,微信一定能把握移动互联时代的赢利机遇,其未来的赢利空间将远超出Facebook。

2. 成本控制

Facebook的主要成本集中于数据中心的扩建与人员的扩招成本。目前Facebook正在北美之外建设更多的数据中心来应对全球用户的增加,由于其在移动互联领域的投入,近期Facebook人员增加了将近50%,达到了5000人左右。微信受益于母公司强大的资源体系支撑以及严格的产品开发控制体系,其早期的开发团队控制在10人左右,目前的整体研发团队也仅为200人左右,主要的投入来源于用户持续增长所造成的硬件设备的不断更新；此外，海外业务的持续拓展也为微信增加了很大的支出。从成本控制方面来看，微信的成本控制更为有效。

3. 管理团队

目前Facebook拥有梦幻般的管理团队，核心人物马克·扎克伯格拥有独特的商业头脑及敏锐的技术嗅觉，其强大的心理素质以及对于自己人生理想的近乎执着的追求最终造就了Facebook目前成功的市场地位，而硅谷传奇经理人雪莉·桑德伯格的加入，更是为Facebook帝国打开了货币化之门。凭借雪莉的帮助，Facebook迅速完成了将流量转化为真金白银的过程。目前，在两位杰出领导人的带领下，Facebook正在谋划移动互联网市场蛋糕的最大份额。而微信背后是腾讯这个中国互联网领域的霸主之一，其CEO马化腾拥有中国互联网界"全民公敌"的称号。腾讯以模仿起家，不放过互联网领域任何一个可以赚钱的机会，拥有快速模仿并超越对手的超强基因。微信作为其移动互联网领域的杀手级应用，源于马化腾对时任广州研发中心负责人张小龙的绝对信任与宽松的政策支持。作为独立于公司总部之外的非嫡系团队，张小龙凭借自己对于移动产品的理解以及对于用户需求的准确把握，成功地为腾讯献上了移动互联网时代最具革命意义的产品，并使腾讯继续在移动互联网领域内领跑群雄。专业而执着的开发团队加上CEO的长远战略眼光，最终使腾讯走出了QQ的羁绊，为自己的移动互联网商业帝国时代开启了大门。但随着未来商业化步伐的加快，微信是否还能像以往那样以用户体验为中心，抵制其他部门的商业化战略，可能是未来腾讯微信业务发展中最难把握的重点。

第六章　中外社会化媒体商业模式对比及创新分析

小结

通过对比 Facebook 与微信的商业模式,笔者认为,在未来移动互联网的竞争领域,微信必将成长为重量级的竞争对手。未来微信的重点商业化征程仍要起步于国内,随着其平台战略的进一步实施,未来必将整合 QQ 平台上所有的资源优势,成为移动互联网领域的新型商业霸主。Facebook 目前在移动互联网领域发力还需要一个过程,其传统互联网领域的竞争优势短期内很难复制到移动互联网领域中来。Facebook 需要抛弃其固有的传统互联网的发展思路,立足于移动互联网的小、快、灵的特点,打通用户与商家之间的联系纽带,从传统的广告思维模式向移动互联网的增值服务模式转变,唯有如此,才能够在移动互联网的竞争中取得先发优势。

二、Twitter 与新浪微博

(一)价值主张

1.价值内涵

Twitter 的价值内涵是"创建一个基于移动互联网短信平台,方便用户即时沟通与发布的自媒体工具"。Twitter 的主要特点在于发布的即时性与便利性,不超过 140 个字节的限制使其有别于传统博客的撰写方式,强调瞬间即逝的用户感受,而广播式的一对多的信息传递方式,使其天然就是以个人用户为主体的自媒体播放平台。新浪微博属于 Twitter 商业模式的中国本土化应用,相对于 Twitter 的"What Is Happening"的口号,新浪微博的口号更容易为国人所接受——"随时随地分享身边的新鲜事儿"。由于起步较晚加之新浪本身的传统互联网媒体经历,新浪微博更擅长于将移动互联网的各项创新整合到微博的应用中去,因而更加注重将自己打造成多媒体的用户发布平台。相对于Twitter简洁易用的文字为主的操作页面,新浪微博用户可以分享图片、视频、语音等各种类型的文件,过度功能的开发在吸引眼球的同时也面临着信息过量所造成的用户体验度的下滑。

2. 用户参与

作为移动互联网自媒体平台的创立者,Twitter的发展依靠用户的推动,通过提供方便快捷的移动互联网发布服务,用户可以随时将自己周边的新闻通过手机发布在网上,推动成立各种相关主题的讨论社区,利用无处不在的草根用户打败传统媒体对于新闻的垄断。为此,Twitter逐渐成为一种流行时尚并引起名人的关注。新浪微博的用户参与模式不同于Twitter。当时国内对于微博仅限于业内潮流的认识,新浪充分利用自己在传统互联网媒体所积累的品牌优势,通过新浪博客的名人进驻微博,引发微博的潮流,吸引大批名人粉丝的关注与使用。同时,通过一些新闻事件,利用传统媒体的炒作经验,推动新浪微博的发展,因此,新浪微博的用户参与度相对于Twitter而言,低了许多,更多的人是为了关注明星,而自己很少发布信息。随着微信作为新兴移动互联网工具的出现,微博用户的参与度进一步下降,因此,新浪微博必须通过新的举措增强用户的黏性,提高普通用户的参与程度。

3. 用户管理

作为自媒体的发布平台,Twitter在用户管理方面提供了大量方便可用的功能,用户可以很直观地通过自己的主页查询微博的各项状态,包括粉丝人数、关注人数、累计发布微博的数量等,同时通过内部搜索的功能帮助用户查找各类相关的信息,搜寻各种讨论热点。新浪微博在用户管理方面在 Twitter 的基础上做了很多针对中国用户的本土化创新,如用户认证服务,可以防止用户冒充名人,同时国内近期对于微博账号实名认证的要求,更进一步地避免了各种不负责任的言论散布。通讯录导入的功能彰显了新浪微博对社交领域的关注,私信功能的开发更是增强了其社交属性。但是总体而言,用户更加习惯将新浪微博当作信息发布与分享的公开平台,相对于 Twitter 用户之间的活跃互动,在移动社交领域,新浪似乎还未找到克制微信的有效工具。

(二)价值构建

1. 市场定位

Twitter 的市场定位随着其产品功能的不断完善而逐步成形,早期其基于移动短信平台的互联网信息发布功能,随着智能手机的大量普及而愈发强大,已经从自媒体的发布平台逐渐成长为移动互联网的用户入口。Twitter 于近期收购美国著名移动应用软件工具开发商 Cabanba 更是体现了其在开放平台策略上的野心。借助开放平台策略,Twitter 正在成长为移动互联网领域的 Facebook,并开始挑战 Facebook 在社交领域的霸主地位。新浪微博在成立初期就立足于 Twitter+Facebook 的双重战略,但是由于管理层天然的传统媒体的运营理念,其在发力自媒体平台的同时,对于移动社交媒体领域中微信的极大冲击,并未取得实质性的进展。

2. 资源配置

Twitter 在长达 6 年的公司成长中,已经从创立时的 8 人,发展到目前超过 1000 人的员工队伍。公司目前在关乎未来发展策略的云计算以及社交分析挖掘领域进行了一系列的并购工作,为公司在移动互联网及未来的社交领域持续保持领先的技术优势奠定了坚实的基础。

此外，为了使公司尽快实现将巨大的流量货币化的目标，公司聘请了Google的资深运营高管迪克·科斯特罗（Dick Costolo）担任CEO，招募了大量的销售人员，全面推进Twitter的货币化进程。新浪微博在资源配置方面被新浪公司作为未来增长的重点项目对待，其CEO曹国伟对外公开表示，对于微博产品的相关开发投入上不封顶，并于2010年7月28日，对外正式发布第三方API接口开发平台，允许第三方的软件开发者基于该平台开发各种应用软件产品。长期的互联网媒体运营经验，全力以赴的投入加之开放式平台的提前搭建，为新浪微博领跑国内微博市场创造了先发的竞争优势。

3. 核心行动

Twitter目前的核心行动是保持用户在全球范围内的持续稳定增长，目前Twitter已经成长为世界上最大的自媒体发布平台，开始注重通过并购外来的专业公司，加强自己在大数据挖掘及用户资料分析方面的能力，同时通过发布开放式的平台产品，吸引第三方合作伙伴加盟，开发更多吸引用户的应用产品。此外，通过2012年发布的搜索应用，Twitter进一步强化了内部搜索功能，帮助用户更好地查找各类信息。新浪微博于2009年11月3日正式推出国内第一个Alpha版本的公有云计算平台，通过此平台，新浪微博正式开启了后台大数据整合行动，同时通过新浪的海外分支机构，开始新浪微博的英文版推广工作。随着短域名服务的独立推出以及发展二级广告代理机构的行动，新浪逐渐开展货币化的布局行动。

(三) 价值实现

1. 赢利模式

目前Twitter已经逐渐摸索到适合自身特点的赢利模式，主要采用账号推广、推文推广、趋势推广、自助式广告这四种主要的广告模式。Twitter利用对后台用户数据的分析与挖掘,在基本不影响用户体验的前提下,实现了广告的精准投放。目前,Twitter已经成为社会化媒体企业中最具广告价值的投放企业,近期将很快实现赢利。新浪微博已经在2012年下半年正式开始了其商业化的试水步伐,目前已经尝试的赢利模式有客户端广告、会员费、第三方游戏分成、微博大V广告赢利分成、会员增值服务费以及电子商务促销等多种类型,由于其管理团队缺乏社会化媒体的运营经验,传统的基于PC互联网的广告尝试以及名目繁多的收费项目,在使用户体验下滑的同时激起了用户极大的反感,并造成了大量用户的流失。缺乏对用户后台数据的分析与挖掘也是新浪微博的巨大短板,对比Twitter简洁明了的赢利模式,笔者认为新浪微博在商业化的进程中应当更加谨慎,不应迫于赢利的压力什么都做,要学会做减法,根据微博产品的自身特点,结合用户的消费偏好与体验进行相关赢利模式的挖掘。目前新浪微博的赢利模式大都是以用户体验下降为代价的,未来新浪应该致力于打造基于微博的移动互联网商业系统,以开放的心态与胸怀,允许第三方的软件开发者在这个平台上发展壮大,自己只做最擅长的事;应该基于用户的后台数据分析用户的行为,发掘基于LBS应用的增值服务,打通线下企业与用户的联系平台,通过向商家收费来获得赢利。因此,未来新浪微博在赢利模式的发掘上任重道远,必须聘请有着移动互联网运营经验的人来管理,否则在微信的发力下将出现用户大批流失的可能。

2. 成本控制

随着用户数量的持续增长,2012年Twitter的运营费用已经高达2.5亿美元,其中主要的成本源于持续的用户增长所带来的硬件设备及带宽的投入,同时对一些技术型网站的并购也加大了其运营的成本。此外，随着员工人数的持续增加，人员成本也大幅提升，Google公司前产品经理迪克·科斯托罗的加盟，使得Twitter逐步明确了自己的经营目标与用户服务的方向，在扩大自身市场优势的同时也在不断加强内部的成本控制。未来随着Twitter赢利模式被更多的广告主所接受，其终将实现赢利并上市。新浪微博由于其CEO具有财务背景，因而成本控制得相当出色。公司在人员开发方面早期主要依赖自身的开发人员，本着快速推出、逐步完善的原则，新浪微博在国内的微博市场竞争中抢占了先机。同时，随着市场战略的提升，新浪微博用户人数已经超过5亿人，因此在硬件及带宽的投入方面不断加大，2012年达到9300万美金，累计投入超过2.8亿美金。随着投入的大幅增加，新浪微博的赢利压力也不断增大，为此其于2012年开始了商业化的试水，未来在加强成本控制的同时，新浪微博还必须努力探索符合自身产品特点的赢利之道。

3. 管理团队

Twitter的管理团队几经更迭，早期的三位传奇的联合创始人均是技术背景出身，在发展的中间阶段，由于经营理念的差异，其灵魂人物多西被迫出走，担任公司的象征性董事长一职，随着Twitter进入用户的高速增长期，时任CEO的另一创始人威廉姆斯缺乏市场操作经验导致公司握有大量的现金却不知如何进行快速的扩张以应对用户的高速成长，同时也不重视公司流量的货币化的转变。2009年拥有丰富媒体广告经验的Google前产品经理迪克·科斯托罗的加盟彻底拯救了Twitter。科斯托罗的到来一改Twitter不重视赢利渠道的传统做法，他重新搭建了Twitter的管理团队，增加了人力资源、商业与企业发展及国际业务的负责人，使公司的各项业务都走上正轨。新浪微博的管理团队由新浪原有管理团队整合而成，当时新浪聚焦于微博新业务的发展，刚刚完成公

第六章 中外社会化媒体商业模式对比及创新分析

司在股市上的 MBO 管理层收购,重新掌握了新浪的控制权。新浪内部单独成立了微博开发部,形成了以 CEO 曹国伟为主导,新浪内部原桌面产品事业部主管彭少彬主持开发,新浪无线、运营两大部门积极配合的整体运营团队,集中公司的所有优质资源进行微博产品的开发工作。正是新浪的人员优势及其团队的多年媒体运营经验成就了新浪微博当今的领袖地位,但是随着用户数量的持续增长,新浪缺乏后台大数据挖掘技术领军人物的短板开始显露,为此,新浪于 2013 年 2 月正式引入网易公司前 CTO 许良杰为公司首席技术官(CTO)兼联席总裁。徐良杰拥有多年的大数据平台架构经验,他的到来为未来新浪微博找到有自己特色的赢利之路提供了技术上的有力保障。由此可见,新浪未来在管理团队以及微博事业部的整体架构方面还需要进一步调整与完善,未来真正的赢利之路还面临诸多的挑战与变数。

小结

从目前的发展态势来看,Twitter 已经找到了符合自身特点的独特的广告赢利模式,但是其 3.5 亿美元广告收入与高达 5 亿的用户数量相比,似乎还有很长的路需要探索。从 Twitter 于 2012 年终止与社交网站 Lindin 的合作来看,Twitter 正致力于凭借自己在用户发布体验方面的优势,打造类似于 Facebook 的 F8 战略的,真正基于自有平台的闭环生态系统。未来的 Twitter 在移动互联网平台讯息发布方面将拥有更大的资源优势,将逐步把自己打造成移动互联网媒体的新兴霸主。而新浪微博则必须通过大数据挖掘技术在自身的产品特点与赢利模式之间找到一个真正的平衡点,在不影响用户体验的基础上,提升自己广告投放的精准度,增加未来移动互联网基于 LBS 的增值服务收入。否则,随着用户体验的下降以及腾讯微信的迅速崛起,新浪微博将面临更为严峻的竞争压力。

三、YouTube 与优酷

(一)价值主张

1. 价值内涵

YouTube 在成立初期,其创始人就提出了"Broadcast Yourself"(表现自我)的口号,即鼓励用户通过 YouTube 进行自制视频文件的分享与传播。而 YouTube 的发展始终围绕这一核心理念进行产品的架构。相对于 YouTube 的价值理念,优酷网作为早期的 YouTube 的国内模仿者,结合国内当时的互联网特点提出了"快者为王"的口号,表现了其强调用户在观看视频播放与发布过程中,均需享受快捷服务的核心价值理念。优酷网的所有技术及产品架构也均围绕着这一价值内涵进行搭建,并在结合中国特色的创新过程中实现了对其他竞争对手的本质超越。

2. 用户参与

YouTube 在成立之初就强调 UGC(用户生产内容)这一核心的社会化媒体商业理念,所有的视频内容均由用户制作完成,上传到网络上供其他用户分享。网站成为一个面向全球观众的播客平台,观众在观赏视频内容的同时,可以通过一个方便的功能"顶"或"踩"来表达对于视频内容的主观感受,同时还可以将视频链接通过 Facebook、Google+等各类社交网站分享给亲朋好友。观众还可以就某个视频的内容成立单独的社区进行讨论,视频的制作者会因此成名并通过 YouTube 的广告分成计划获利,成绩突出者甚至会发展成为 YouTube 平台上的个人独立视频播放频道,并拥有大批忠实的粉丝付费定期观看节目的更新。优酷早期在国内走的是同样的路线,率先在国内推广"拍客文化",举办各类活动,推动用户制作有趣的视频作品上传。随着国外 Hulu 模式的出现,优酷发现中国拍摄文化的形成尚需时日,为了应对优质内容的缺乏,优酷在鼓励个人用户拍摄的同时,开始投资中小节目制作公司来制作更加专业化的节目内容,吸引更多的用户观看与分享,从而吸引广告主进行广告投放。同时,在移动互联网领域,通过 PC 端二维码扫描功能,用户可以将喜爱的视频扫入手机进行观看。优酷通过云计划的实施,使用户能够进行跨平台的登录,实现"多屏合一"的功能。

3. 用户管理

在用户管理方面,YouTube 通过对注册用户的账号管理,可以定制个性化的主页,并为用户提供大量方便实用的工具,用户可以通过站内搜索功能,查找各类感兴趣的视频内容;同时,可以将各种格式的视频文件进行格式转换与一键式的上传。YouTube 能够实时为用户显示目前视频的发布及浏览状况,甚至对于热门视频可以详细显示观看者的性别比例,因此,YouTube 的后台拥有极强的大数据处理能力。优酷在国内的网站上也实现了类似的功能,注册后的用户可以享受视频文件的上传,用户可以方便地利用站内搜索工具"搜库"进行各类视频文件的搜索;同时,通过个性化主页的定制,用户可以选择付费成为优酷会员,享受各种站内大片的无广告观看或免费观看待遇。优酷也提供了类似 YouTube 的数据分析工具,但仅能做较为简单的用户数据分析,在数据挖掘能力方面还有待加强。

(二)价值构建

1. 市场定位

YouTube 始终将自己定位为一个全球范围内的视频分享与播放

平台。虽然面临各种有关内容模式的质疑,但公司始终坚持用户创造内容(UGC)的内容生产方式,并进一步从简单的内容生产发展为专业的用户频道定制。一切网站功能设计均围绕着用户自助的方式进行,用户可以自由地定制自己的频道,开创自己的个人品牌。随着其运作方式的不断成熟,目前 YouTube 已经出现赢利的迹象。优酷网早期也采取 YouTube 的市场定位方式,将自己定位为中国的 YouTube,但是,随着 Hulu 模式的成功,优酷结合中国市场的特点采取了并行的策略,UGC 内容依然存在但是网站也开始大量购买正版的视频内容,从而在短期内吸引了大批的品牌广告商关注。同时优酷出钱资助中小公司及有潜力的个人制作高水准的视频内容,从而从多渠道丰富自己的产品内容,将自己打造成中国的网络视频第一门户、拥有全方位内容的网络视频综合播放平台。目前,通过兼并土豆网,优酷成为中国视频网站的第一品牌,拥有一半以上的市场份额,但是,版权成本的压力也是制约其赢利的关键因素;而 YouTube,由于采用 UGC 广告分成的模式而不存在版权的压力。

2. 资源配置

YouTube 的各项资源优势十分明显,首先它凭借 UGC 的视频分享模式稳坐视频网站全球浏览量第一的宝座,拥有极强的品牌号召力,目前有些个性化的频道已经获得了百万级以上的忠实用户的认可,并开始付费收看。其次,它凭借母公司 Google 的互联网霸主地位,资金实力雄厚,并成为 Google 互联网大生态系统上的一个关键环节。随着 Google 收购摩托罗拉,未来 Google 图谋移动互联网及电视领域的野心昭然若揭,YouTube 大量个性化的内容正是 Google 未来招揽商家的核心武器。此外,Google+的崛起也为 YouTube 提供了更好的发展机遇。优酷网通过 2012 年对中国另一视频网站巨头土豆网的并购成为中国视频网站的龙头老大,凭借其垄断的市场优势,版权采购的成本大幅下降。同时,二者合并后将共享带宽资源,使整体的带宽环境在国内的视频网站中更加领先。在技术方面,优酷的专业CDN网络均衡技术与土豆在移动互联网领域的多年投入均会带来双赢的效果,优酷云平台的开发更加方便用户跨平台登录。在内容制作上,优酷投资多年的自制剧已经有了良好的基础,培养了一批明星制作团队,拥有大量的固定观众;同时,土豆的映像节已经举办多届,是目前国内最具号召力的互联网视频创意文化品牌,二者的结合必将为优酷提供大量的优秀原创内容。此外,通过上市后的二次增发,优酷募得了大批的资金,足够应付未来3—5年网站的发展。因此,未来在资源配置方面二者均有显著的竞争优势。

3. 核心行动

在核心行动方面,YouTube将重点放在全球的本地化建设、扩大全球的广告代理范围、增加现金流收入、增加视频压缩技术储备、进一步降低带宽的运营成本上,在内容方面采取机构与个人并重的方式,鼓励小型独立制作机构制作高质量视频上传,并与各类人气视频制作者合作,打造付费特色频道。同时,YouTube通过研发电视与移动设备的配对技术进军电视业。优酷网也采取了一系列的措施来保持自己在国内视频网站中的领先地位。首先,它进行了内容的资源整合,在UGC方面,与土豆网的合并后,二者的内容基本上已经垄断了国内UGC的大部分市场份额;在影视剧内容方面,二者进行了资源共享,使版权成本大大下降。其次,扩大广告代理覆盖面,鉴于一线城市已相对饱和,优酷土豆开始大力拓展二、三线城市的广告代理,进一步扩大了销售的覆盖范围。此外,优酷对云平台的研发投入以及自制剧的持续投入必将为其未来业务的拓展提供保障。

(三)价值体现

1. 赢利模式

从二者的赢利模式来看,YouTube似乎更具创新精神。首先,YouTube采取广告收入分成的方式,从而避免了在版权方面的巨大支出。其次,随着UGC为主的运营模式的不断完善,YouTube开发出很多新型的赢利模式,如学习母公司Google的竞价排名,通过收取推广费将付费用户置于相关搜索结果的前列;对大的品牌公司收取官方频道服务费,允许其租用YouTube的平台发布各类官方视频广告;对于主页的广告采取竞拍的方式使其价值最大化;在移动客户端预装广告,提升收益;与版权方合作,以租赁的方式在YouTube上租借正版影片;在电子商务方面,与亚马逊等巨头合作,用户可以点击购买自己感兴趣的影音产品;在用户感兴趣的个性化频道方面,推出付费频道服务,只有订购才能观看。相对于YouTube的多样化赢利模式探索,优酷受困于国内用户免费收看的习惯,在赢利模式上较为单一,主要还是依赖正版视频的内置广告,在会员收费及付费点播方面还需要一个长期的习惯培养过程,形成了在广告收入增长的同时,版权成本与带宽成本同步增长的恶性循环。因此,在赢利模式方面,优酷还需积极探索在移动互联网领域的创新突破,通过移动互联网的创新,打破用户在PC领域内的免费习惯,从而获得更大的赢利空间。

2. 成本控制

YouTube作为全球最大的视频网站,其成本主要来源于庞大的用户流量所带来的带宽运营成本以及海量的视频内容所需要的大量存储成本。目前,由于母公司Google的强大资源整合能力,YouTube实际的带宽成本并未如外界所言的如此高昂。此外,Google近期正在亚太地区建立三个数据中心,届时 YouTube 的服务质量将大幅提升。随着广告及用户数量的同步增长,未来 YouTube 的成本将被进一步地分摊。相对于 YouTube 的成本负担,优酷的情况更为复杂。优酷除了负担同样的带宽与硬件成本之外,由于其广告模式主要依赖高质量的长视频内容,因此版权成本已经上升为其最大的成本开销。由于中国的版权市场极为分散,无法进行一次性大批量的购买,因此版权的成本相对较高。此外,版权方不愿以广告分成的模式合作也是视频网站成本居高不下的主要原因。因此,受制于版权成本的攀升,优酷必须挖掘内置广告之外的赢利模式,通过移动互联网的创新使版权成本带来的收益最大化,最终帮助网站实现赢利。

3. 管理团队

YouTube 的早期管理团队由两位主要的创始人组建,其中赫利负责公司的日常运营业务,陈士骏负责公司的技术管理。早期的 YouTube 凭借其草根的风格吸引了大批用户浏览,随着其被 Google 收购,公司的管理层逐渐发现,在用户的流量如何转换为货币方面 YouTube 缺乏有效的运营经验,导致网站运营 4 年依然无法实现赢利。在 Google 派来了传奇的经理人卡曼奇担任 CEO 后,公司找到了发展的方向,将自己定位为以用户为导向的专业视频分享网站,为用户从杂乱无章的视频海洋中定制自己感兴趣的频道内容,从而大大提升了用户的浏览便利性与广告投放的价值,因此,改版后的 YouTube 迅速在新任 CEO 的带领下走向赢利。与 YouTube 的草根创业不同,优酷网的创始人古永锵拥有丰富的学历背景以及运营互联网大型公司的经验,早年是其一手促成了搜狐网在美国的上市,并在后来担任搜狐的 CEO,因此他在中国互联网界拥有丰富的人脉资源,创立优酷网完全依赖于其对美国同行创新模式的认可与对未来走向的把握。

因此古永锵迅速组建了一个高效的管理团队,从决定开发到产品发布只用了不到半年的时间,良好的人脉关系使其轻松地融到了中国互联网企业最多的资金,并抢先对手一步在美国纽交所上市,上市时机把握得恰到好处。隔年优酷网利用其利好因素迅速完成了增发,做到了名利双收。2012年优酷网利用资本运作吞并了最大的竞争对手土豆网,至此,优酷牢牢地奠定了自己在中国视频网站中的霸主地位。2013年,引入职业经理人杨伟东担任土豆网的总裁更加表明优酷网发力移动互联网的决心,随着其销售团队在二三线城市布局的进一步完善,未来优酷网将在其创始人的带领下迎来移动互联网时代的新的发展机遇。

小结

从YouTube与优酷网的商业模式对比来看,很难从直观上说明孰优孰劣,YouTube未来将赢在其对核心战略的一贯坚持与持续的发展,并在此基础上凭借对母公司Google的核心资源的共享,逐渐找到自己独特的商业模式并取得爆发式的增长。未来随着频道模式的不断完善,以及Google+的资源共享,YouTube必将获得丰厚的利润。优酷网一直将自己定位为中国视频网站的第一门户,属于在模仿中不断创新,它把握了国内外视频网站发展所采取的各种商业模式,从UGC到Hulu无一错过,但鉴于国内拍客文化的不成熟以及用户免费收看视频的习惯,只能采取多种渠道并重的方式。然而,持续攀升的版权成本在保证了其领先地位的同时也造成了长期无法赢利的恶性循环,因此,告别当前的内置广告这一单一赢利模式,更多地拓展在移动互联网领域的收费方式,与其他社会化媒体合作,尝试新的赢利模式是使其摆脱版权压力、早日实现赢利的必然选择。

第六章　中外社会化媒体商业模式对比及创新分析

第二节　中外社会化媒体商业模式创新分析

社会化媒体企业作为当今互联网领域最新创业模式的代表,其商业模式必然不同于传统企业的商业模式。根据著名经济学家熊彼特对于创新的五大领域的定义,社会化媒体企业几乎涵盖了从产品、技术、市场、资源到制度的所有领域。同时,它们的出现颠覆了100多年来大众媒体的垄断地位,使普通民众拥有了信息发布的权利,并因此爆发出巨大的市场能量。因此,不断创新是使其获得长期稳定发展的必由之路,通过对比中外社会化媒体企业商业模式的8个维度,笔者认为,中外社会化媒体企业在商业创新方面有着较大的差别。

就目前的发展状况而言,所有的基于社会化媒体企业商业模式的根本性创新,无一例外全部来自国外,而中国的社会化媒体企业则习惯于借助国外同行因中国政府的监管条例而无法在短期内进入中国的契机,在对国外同行的商业模式进行快速模仿的基础上,结合中国的特色进行本地化的改造,即创意性模仿,迅速占领国内的市场,并形成垄断的地位。为何国内的互联网企业缺乏根本性创新的能力,而国外同行却能够持续地产生创新的动力呢?为此,笔者从创新的机遇、创新的原则以及创新的环境三个方面来进行详细的分析与探讨,试图破解社会化媒体企业中外商业模式的创新密码。

一、创新机遇对比

(一)国外社会化媒体企业创新因素

1.意外的事件

笔者通过对中外社会化媒体企业的对比发现,国外典型的社会化媒体企业的创立,基本上都是源于草根的技术爱好者或技术天才对于某种意外事件的关注,并由此引发了创始人的兴趣,将其发展成为一种系统化的探索,从而促使一种新型产品的诞生。Facebook的诞生源于其创始人不满于哈佛校园里老旧的新生通讯录;Twitter源于多西希望通过移动通讯中短信的快捷手段发布信息到互联网上,并能够方便好友沟通与交流;YouTube的产生则源于其创始人进行视频分享时的一段失败的上传经历。本着解决问题的态度与坚持做有趣的事情的想法,他们分别开发出了不同的产品,解决了上述问题并创造出了一种全新的媒体形式——社会化媒体。

2. 新知识

社会化媒体作为传统互联网时代向移动互联网时代转移的代表性表现形式,其兴起与Web2.0技术的成熟与发展有着必然的联系。根据笔者自己的定义,"Web2.0,指的是综合运用AJAX技术,提供双向消息协议服务的互联网平台,它的出现改变了过去Web1.0时代人们只是被动浏览网络内容的范式,使每个人都可以成为内容的生产者并与他人分享,强调以个人为中心的多对多的传播方式,从而极大地改变了互联网的交流方式"。而社会化媒体最本质的东西恰恰是赋予了个人参与媒体内容加工与传播的权利,从而将生产媒体内容的权利从少数精英垄断者的手中转移到普通大众的手中,任何人都可以将自己的观点通过社会化媒体发布出来,与所有的人进行对话、分享甚至讨论。技术的进步促使社会化媒体这一创新的互联网交流平台诞生,它的出现,完全颠覆了传统大众媒体的传播范式,将发言权交付到普通大众的手中,使信息能够以更低的成本在所有人之间传播,使整个社会更加开放、公正与透明。

(二)国内社会化媒体企业创新因素

1. 认知的改变

相对于国外社会化媒体企业的根本性创新,国内的创新更多的基于用户对于国外社会化媒体企业的发展所带来的认知的转变。国外的社会化媒体企业所创立的新的互联网连接与沟通方式,已经通过互联网被少数潮流人士所接受,从而带给了国内用户新的向往与体验。国内的互联网重量级玩家始终保持对于国外互联网技术最新发展趋势的警觉,一旦看到国外新的技术应用取得成功,便立即投入最优秀的资源跟进,开发出类似的产品,并迅速投放国内市场,利用自己已有的品牌优势,引导国内用户使用,并迅速根据用户的需求进行升级与本地化改造。

2. 不一致的地方

通过早期对于国外社会化媒体企业商业模式的模仿,国内企业很快发现国内用户与国外用户之间的一些不一致的状况。如相对于美国用户付费观看网络大片,中国用户更加习惯免费享受传统互联网领域的各项基本服务,而在移动互联网领域,用户反而喜欢付费享受各种彰显个性的增值服务。对中外用户消费特点与文化差异性的了解,为中国的企业带来了重要的创新机会。国内的模仿者会在了解用户需求不一致的基础上,迅速进行创造性的改进工作,提供更符合中国用户需求的服务,从而牢牢地占领中国的市场。

二、创新的原则

(一)国外社会化媒体企业创新原则

1. 聚焦于价值内涵

笔者通过对比发现,所有的国外社会化媒体企业在创立之初,并没有一个成熟的商业模式规划,都是由其创始人逐渐形成的一种使命感,是一种对于"我们的业务是什么"这一经典问句的不断探索的过程。他们始终认为这件事非常有趣,是非常有意义的事,随着大量用户的不断参与,逐渐形成公司独特的价值内涵,并为此不断地付出努力。随着公司不断发展壮大,赢得了越来越多的用户的关注与参与,在积累了足够大的用户基数后,公司才开始考虑赢利模式的问题。Facebook 的创始人扎克伯格始终认为"创造一个有趣的网站比赚钱更加重要"。正是基于这种信念,才使 Facebook 早年先后拒绝了微软、雅虎等商业巨头的巨额收购,始终牢牢地将公司的主动权把握在手中,使公司始终沿着自己设定的目标方向发展,并最终找到符合自身特点的商业模式,成长为社交领域的霸主。Twitter 也同样以提供一个快速发布消息的短信平台为出发点,逐步演变成一个基于移动互联网技术的即时沟通的个性化交流平台。YouTube 的起步是为了给人们提供一个免费的个性化视频播放平台,目前它已发展成为全球最大的个性化网络视频平台。正是对自身产品的不断完善,才成就了 YouTube 今天的成功地位。

2. 以用户为中心

由于社会化媒体企业的主要内容都是用户产生的,因此,社会化媒体企业的核心竞争力是用户资源。如何提供更好的用户体验是其产品竞争力的核心。为此,国外的社会化媒体企业不断地围绕着用户的潜在需求进行相关产品与服务的研发,在不断试错的过程中随时把握用户的最新动向。同时,对于用户之间的各种沟通与联系始终采取背后支持鼓励的态度,通过平台化的策略,引入第三方的研发力量开发各种游戏及应用软件产品,从而最大限度地增强用户的黏性,为未来的赢利打下良好的用户基础。正是这种开放的态度与胸怀,Facebook 的平台上才会产生 zynga 这样的游戏巨头,并早于 Facebook 上市,这也是为何 Facebook 能够深受 10 亿用户喜爱的原因。Twitter 同样也将用户的体验放在第一位,宁可不赢利也不愿意在干扰用户体验的情况下,强行插入各种广告。YouTube 则始终强调用户分成的合作方式,从而鼓励用户创作更多更好的节目。

3. 开放性的平台策略

鉴于社会化媒体所有的内容都是由用户创造产生的,企业本身只是为用户提供一个更加开放、便捷的沟通平台,因此,国外社会化媒体企业致力于将用户信息内容的价值最大化,采取开放式平台策略,打造基于自身平台的完整生态系统,从而在扩大影响力的同时,大幅增加自己的价值。Facebook 的 F8 开发者平台就是其中的典型代表,正是借由这种开放、透明的策略,大批的第三方中小型开放企业聚集到平台上,并开发出大量的用户喜爱的产品与服务,在节省了社会化媒体企业本身研发费用的同时,吸引了用户更多的注意力,从而拓宽了社会化媒体企业的赢利渠道与价值空间。

(二)中国的社会化媒体企业创新原则

1. 创意性模仿

中国的社会化媒体企业在本质上属于创意性模仿企业,这也与互联网技术发展的最新趋势有关,由于当今最新的网络技术及创新体验基本上都在美国,而互联网企业本身属于高新技术行业,创新所需的前期投入巨大,失败的风险也很高,相对于国内而言,国外拥有更加成熟的技术条件与市场融资条件。因此,国内企业一般都习惯于关注国外互联网行业的最新动态,一旦找准方向,迅速投入资源进行相似产品的开发。这也是所有中国互联网企业发展的共同模式。但是,仅仅依靠模仿还不能在中国市场获得成功,这已经被传统的互联网企业反复验证过了,因此必须进行本地化的创新工作,在推出基于国外同行类似的基本版本的功能基础上,针对国内用户的使用习惯进行升级与改造。否则,仅靠照搬国外模式,很难取得真正的成功,因此,创意性模仿是所有中国社会化媒体企业创新成功的必然选择。

2. 以市场为导向

由于中国的互联网企业大都习惯将国外成功的模式复制过来,因此,市场早期竞争十分残酷,一夜之间就会有成千上万的类似中小企业冒出来,但是,由于缺乏有效的差异化竞争策略及针对国内市场的独特运营模式,大部分的初创企业很快就会成片地倒下,中国视频网站的发展就很好地见证了这个过程,最多的时候视频网站高达上千家,如今只剩下几个巨头在瓜分市场。而优酷在中国的成功靠的就是创始人在中国互联网市场中长期积累的管理运营经验,因而能够及时地根据市场的导向迅速调整战略。美国的 Hulu 模式一出现,优酷就敏锐地意识到其在中国能够很容易被传统的广告商所认可,因此迅速调整自己早期的定位,参照 Hulu 的模式,重新定位为 UGC+Hulu 的商业模式,在保证原有 UGC 业务的同时,将正版长视频也纳入到自己的平台上来,从而迅速打开了广告市场,并通过技术与资本的双重运作优势,最终获得了市场的领袖地位。

3. 以赢利为目的

不同于国外社会化媒体企业的原创精神,中国的社会化媒体企业是在创意性的模仿中发展起来的,企业在创立之初就是站在别人的肩膀之上,不存在原创企业的早期摸索过程,有着更为明确的赢利目的。因此,中国的社会化媒体企业往往在用户刚刚稳定时,就迫于资本方或者母公司的压力,过早地开展商业化的行动。如新浪微博在用户刚刚稳定后,就开始启动商业化的进程,结果造成用户体验下降及大批用户的流失。但正是国外同行的成功才促成了国内社会化媒体企业的投资与创业,因此投资方对于快速赢利有着较高的预期,这也是使国内社会化媒体企业陷入两难境地的主要原因。

三、创新的环境分析

(一)国外社会化媒体企业创新环境

1. 技术优势

美国硅谷是当今互联网创新技术的总发动机所在地,世界上最优秀的互联网公司大都汇集此地,旁边的加州理工学院、斯坦福大学等世界级名校又为其源源不断地输送大量的高科技人才,这里拥有世界上最聪明的人、最疯狂的想法。各种人才的沟通与思想的碰撞,产生了大量的创新火花,在硅谷,每天都有成百上千个公司成立,同时也有成百上千个公司倒闭。人人都有自己的创业梦想,人们都愿意尝试探索新的技术,愿意为了一个更酷的创意投入自己的全部精力。正是这种技术至上的工程师文化与开放、包容创业的氛围,使硅谷成为互联网技术创新的动力源泉。

2. 成熟的市场环境

与国内相比,美国拥有鼓励高科技企业发展的更加成熟的配套市场环境。在美国硅谷,大量的风险投资公司云集于此,他们非常了解行业的发展动向,敢于承担更大的风险。同时,美国的纳斯达克市场为中小企业的上市融资提供了更为宽松的审核条件,对于高科技企业的赢利方面并未提出苛刻的要求,因为国外更加看重企业未来的发展空间与创造市场的能力。对于互联网企业,这一点尤为重要,因为互联网企业的前期投入门槛往往很高,需要一个漫长的成长过程,而其中由于不确定因素很多,因此资金的投入风险很大,而纳斯达克恰恰是为了帮助中小企业承担风险而设立的,因此成为美国高科技企业的重要助推器。

3. 适合个人创业

美国拥有成熟的市场与完善的法律制度,因此,非常适合普通个人进行技术型的创业。在美国,任何人只有拥有好的想法与创意,都可以快速地创立一家公司。一旦在市场得到初期的良好验证,立刻就有大批的风险投资跟进投资,Facebook 与 Twitter 早期都是沿着这条道路前行的。由于是原创性的创业,不会有早期的模仿者出现,因此一旦做成规模,就容易获得大批资金的支持,进而利用自己已经形成的品牌优势迅速占领市场。YouTube 的成功就是源于其早期对于视频分享的精准定位以及所形成的口碑效应。因此,原创的优势加上良好的配套服务使美国的社会化媒体企业创新均来源于普通的个人。

(二)中国的社会化媒体企业创新环境

1. 政策优势

中国的社会化媒体企业之所以能够避开国外的竞争对手,很重要的原因在于中国政府的监管政策,由于互联网企业属于媒体的范畴,而社会化媒体企业作为互联网发展的最新趋势,在舆论监督方面需要全面开放,而中国由于政治及国家安全因素,对于国外的社会化媒体采取屏蔽的政策,因此国内的社会化媒体企业才能避开国外社会化媒体巨头早期的正面竞争,为自己的发展壮大赢得宝贵的时间。因此,社会化媒体企业的特殊属性为国内企业的发展创造了天然屏障。

2. 本地化优势

中国的社会化媒体企业大都在借鉴国外企业的成功经验基础上，进行了持续的本地化改造工作，他们大都在互联网领域拥有早期的成功经验，对于相关领域国内用户的习惯与需求有着更为深刻的理解，同时文化的差异性也迫使中国的社会化媒体企业采取与国外同行不同的赢利模式。如中国的视频网站用户并不习惯付费观看视频内容，优酷只能在移动互联网领域寻求新的突破，而新浪微博用户却对付费获得一个皇冠徽章或者加V的认证非常有热情。这些案例都表明中国用户同国外用户在消费习惯及爱好上的差异，如果完全照搬国外的单一赢利模式，很难取得成功。而早年互联网霸主Yahoo在中国的失败也表明了中国企业的本土化优势。

3. 巨头垄断

中国的社会化媒体企业完全由国内的互联网巨头把持，缺乏技术含量的恶性竞争以及相对不成熟的配套环境造成了中国企业的现状。而在相关社会化媒体领域取得领先地位的互联网巨头，原本在传统领域就具备相关的资源优势。笔者通过对比发现，新浪本身就是中国传统互联网的第一媒体门户，由于其具有经营传统互联网媒体新浪博客的强大资源，因此新浪微博一经推出，便迅速淘汰了国内的一批早期的个人创业者，取得了绝对的市场垄断地位。腾讯QQ长期拥有国内社交领域的最大用户数量，因此，微信天然就拥有庞大的用户基础与丰富的运营经验。优酷网的创始人原本是搜狐的高管，在业内有着极广的人脉资源，同时在资本市场也长袖善舞，因此很快在竞争中取得了领先的位置。从目前中国社会化媒体企业的创新环境角度来说，传统互联网巨头拥有更强的技术与资金优势，普通个人依靠模仿国外的最新技术取得成功的创业概率极低，市场基本被传统巨头所垄断。

总结

通过对国内外社会化媒体企业创新的各项要素的对比,笔者认为,基于先天的技术与市场条件的差距,中国的社会化媒体企业更多地依靠创意性的模仿来取得国内市场的成功,在真正根本性创新的领域中,中国的企业还缺乏相关的素质与战略。同时,中国政府的政策管制,为国内企业创造了本地化优势的同时,也丧失了更加开放的、参与国际化竞争的资格,这也是中国的互联网企业至今未能出现国际级企业的重要原因。随着中国国际化步伐的不断加快,开放与透明将成为未来社会化媒体企业发展的必然趋势,中国的互联网网企业经过多年的国内厮杀已经具备国际化竞争的实力,微信的走出国门就体现了中国社会化媒体企业已经从简单的模仿性创新向根本性创新演变,随着互联网的重心进一步转移到移动互联网领域,中国的互联网企业拥有比国外同行更为丰富的移动互联网相关产品的运营经验,随着产业及相关投资环境的不断升级与改善,未来中国一定会诞生移动互联网领域的世界级社会化媒体企业!

结　论

"即使把世间的一切保守力量加在一起,也不能对新型电力媒介在生态学上的所向披靡的力量构成一种象征性的抗拒……这似乎是文化保守分子所处的带讽刺性的地位,潮流集中指向一个方向时,他的抵抗反而能保证更快的变迁。控制变革不仅使人与变革同步前进,而且使人走在变革的前面。"[①]加拿大传播学巨匠——麦克卢汉在20世纪60年代对电子媒介的预言在社会化媒体时代得到了更为确切的印证。

作为人类神经系统的延伸,社会化媒体的出现使互联网的入口从传统的由少数精英垄断的大众媒体手中转为以个人为中心的自媒体手中,任何期望以传统的大众媒体的方式对社会化媒体进行研究与控制的努力终将被证明是徒劳的。因此,对于社会化媒体商业模式的研究与探讨必须站在全新的、变革的立场上,必须以个人为中心,构建整个商业模式的研究架构,这也是作者进行社会化媒体商业模式研究的基本出发点。

社会化媒体由于产生的时间较晚,因此尚处于高速成长的阶段,其成熟稳定的商业模式尚未形成,大多数仍处于探索阶段。同时,由

---

① 〔加〕马歇尔·麦克卢汉:《理解媒介》,何道宽译,译林出版社2011年版,第229页。

于其不同于传统大众媒体的特殊属性,社会化媒体企业在商业模式的要素构建上同传统的企业有着显著的差异,必须单独进行商业模式的构建。为此,笔者基于对社会化媒体本质特点的深入研究与探讨,构建了3V2E的社会化媒体商业模式研究架构图,试图通过一种工具化的方法与手段,为社会化媒体企业的未来发展及商业模式的构建提供帮助。

通过对目前国内外典型社会化媒体企业商业模式的深入研究,笔者发现,随着互联网进入Web2.0技术阶段,"去中心化"与"协作化"将是未来网络发展的必然趋势,世界正逐渐从我们当前熟悉的原子时代即以制造实物产品为主导的时代步入以电子数据为主导的比特时代。随着带宽瓶颈的不断突破,CPU及存储设备的成本在摩尔定律的推动下日趋下降,新型的社会化媒体工具使得周围的世界变得更加开放与透明,信息的流动与传递变得更加便捷。正如美国《连线》杂志著名记者克里斯·安德森在其著作《免费——商业的未来》一书中所言,目前我们正处于一个由互联网为主体的巨大的"免费"经济的大舞台之中,我们已经进入到"比特经济"时代,在这个时代中,世界就是一个"交叉补贴"的大舞台。我们不能再以传统的"原子时代"的眼光来看待当今的世界,要用一种未来的眼光拥抱"比特时代"的到来。这个新的时代,属于"赢者通吃"的时代,通过"递增收益"来获利,即市场最大化策略;通过免费获得最大的市场份额,同时提供个性化的收费产品及服务以获得收益并最终取得赢利。

对于新进入市场的社会化媒体公司而言,免费是其吸引用户并迅速扩大其影响力的关键,同时也是对传统领域的单纯靠用户收费运行的商业模式的极大挑战。近期炒得沸沸扬扬的关于微信到底应不应该收费正是依靠语音通话收费的移动运营商受到微信这种免费商业模式的冲击而发出的无奈之举。笔者认为,就社会化媒体企业而言,

结 论

任何针对用户的直接收费策略都是不可取的,因为社会化媒体企业是通过提供一个有利于用户创造价值的平台来实现其企业的最终价值的,企业的价值在于如何吸引用户不断地利用自己的平台去创造有价值的内容,用户既是消费者同时又是内容的创造者与生产者,因此,根据市场最大化原则,社会化媒体企业的核心在于如何吸引更多的用户加入并制造内容。为此,笔者在构建社会化媒体商业模式研究架构图时,将用户参与以及用户管理列为"价值主张"的主要构成元素,这是使价值内涵得到认可并实现的关键因素,社会化媒体企业最终必然通过将大量有价值的用户内容货币化,实现企业价值。

因此,社会化媒体企业必须结合自身的优势与特点,进行"价值构建"的工作,针对市场上已有的产品与服务进行市场定位,审时度势,充分调动自己的资源优势,并进一步展开核心行动,巩固自己的市场地位,从而为自己下一阶段即最终实现"价值体现"打好坚实的基础。在最终的社会化媒体的"价值体现"阶段,赢利模式是其商业模式最终为市场认可的最终表现,但同时,由于社会化媒体企业高速成长的特性,其对于内部成本控制以及管理团队的整体水平要求将是企业最终能否实现赢利的关键因素。

为此,笔者从价值链的角度,从 9 个方面对社会化媒体企业商业模式的研究要素进行了定义。笔者认识到,作为互联网企业发展的最新表现形式,社会化媒体企业本身就体现了熊彼特所阐述的"创造性的破坏",因而,必然会产生不同于传统媒体企业的运营方式。随着其"价值构建"环节的不断完善,社会化媒体企业必然会探索出完全不同于原子经济时代的全新赢利模式。"创新"是社会化媒体企业从诞生起就在不断努力的核心,无论是传播方式的改变还是赢利模式的革新,都离不开内部与外部两大环境因素,笔者结合"当代管理学之父"彼得·德鲁克在《创新与创业精神》这一经典著作中所总结的创新的 7

个来源,对社会化媒体企业商业模式当前的状况进行了归纳总结,并对其未来的发展进行了大胆的预测,未来社会化媒体企业商业模式的创新与发展必然从这7个领域的相关事件中产生。至此,笔者完成了对于社会化媒体商业模式分析架构图的完整搭建,从而为剖析与研究各类社会化媒体商业模式提供了一个切实可用的工具化分析模型。

必须承认,目前社会化媒体的发展尚处于笔者所阐述的价值构建阶段,各个企业还在为自己的市场定位、资源配置及核心行动不断地进行战略调整。面对移动互联网及智能手机技术的飞速发展,即使是Facebook也尚未找到类似于Google在传统互联网所实现的成熟商业模式。当前的社会化媒体在成熟商业模式的探索上还有很长的一段路要走,但我们从社会化媒体自身特点所透露出的讯息可以得到一些启迪,未来社会化媒体的成功商业模式可能不再像传统的互联网企业一样,通过单一的赢利模式实现赢利,其赢利的手段可能更加多样化与复杂化,更加趋向于通过构建一个类似于生态系统的平台,最终通过平台上个体的和平共生、分工协作来实现整体生态系统的蓬勃发展并共同实现赢利。

为此,我们需要以更加开放与包容的态度来研究社会化媒体企业的发展,不能用对待传统企业的思维模式来剖析其商业模式,这也是笔者为何针对社会化媒体进行单独的商业模式研究架构图构建的原因所在。

著名经济学大师海耶克在其1945年论文《知识在社会中的运用》中谈道,"社会的每个成员只能拥有全部知识中的一小部分,文明可以帮助我们战胜个人知识的局限,方法之一是改变无知,但并非通过掌握更多的知识,而是通过利用那些已经存在并将继续广泛分布在大众当中的知识。"社会化媒体时代的到来将海耶克的理论以最完美的方式呈现出来,随着知识在社会成员中以最便捷的方式进行分享与传

结 论

播,社会化媒体必将是未来社会发展的创新源泉与能量的聚合地,因此对于社会化媒体商业模式的探索研究将为研究未来比特经济时代的企业商业模式提供早期的借鉴资料。

"媒介作为我们身体和神经系统的延伸,构成了一个生物化学性的、相互作用的世界;因为新的延伸在不断发生,这个世界必然要不停息地谋求新的平衡。"①社会化媒体作为最新媒介的代表,必将在新的延伸与新的平衡过程中不断地进行创新商业模式的探索!

---

① 〔加〕马歇尔·麦克卢汉:《理解媒介》,何道宽译,译林出版社2011年版,第273页。

参考文献

李怀亮:《新媒体发展与当代传媒经济研究的新课题》,《新媒体:竞合与共赢》,中国传媒大学出版社 2009 年版。

〔法〕古斯塔夫·勒庞:《乌合之众》,中央编译出版社 2005 年版。

林东清:《资讯管理:e 化企业的核心竞争能力》,台北智胜文化 2010 年版。

〔美〕马尔科姆·格拉德威尔:《引爆点》,中信出版社 2009 年版。

Tim OReilly:《什么是 Web2.0》,《互联网周刊》,2005 年第 11 期。

Andreas M. Kaplan, Michael Haenlein, "Users of the World, Unite! The Challenges and Opportunities of Social Media", *Business Horizons*, 2010 53, 59—68, http://openmediart.com/log/pics/sdarticle.pdf.

Yochai Benkler, *The Wealth of Networks*, Yale University Press New Haven and London, 2006

〔美〕尼尔·波兹曼:《娱乐至死》,广西师范大学出版社 2009 年版。

Mark Granovetter, "The Strength of Weak Ties", *American Journal of Sociology*, 78 (5):1360—1380.

〔美〕邓肯·J. 瓦茨:《六度分割》,陈禹译,中国人民大学出版社 2011 年版。

〔美〕丹尼尔·贝尔:《资本主义文化矛盾》,赵一凡译,三联书店 1989 年版。

〔美〕杰夫·豪:《众包》,中信出版社 2009 年版。

Eric S. Raymon, *The Cathedral and the Bazaar*, OReilly, 1999.

Paul Timmers. "Business Models for Electronic Markets". *Commerce Net Research Note*, 1998 98—21.

Henry Chesbrough and Richard S. Rosenbloom,"The Role of the Business Model in Capturing Value from Innovation: Evidence from Xerox Corporation's Technology Spin-off Companies", *Industrial and Corporate Change*,2002, 11(3):529—555.

Gary Hamel,"Innovation as a Deep Capability", *Leader to Leader*, January 2003, 27(Winter):19—24.

Gary Hamel, *Leading the Revolution: How to Thrive in Turbulent Times by Making Innovation a Way of Life*, Boston, Massachusetts: Harvard Business School Press,2000.

Allan Afuah, *Business Models: A Strategic Management Approach*, Boston, Massachusetts, McGraw-Hill, August 2003.

Michael Hammer,"Deep Change: How Operational Innovation Can Transform Your Company", *Harvard Business Review*, April 2004, 82(4):85—93. (HBR OnPoint Enhanced Edition)

罗珉:《组织管理学》,西南财经大学出版社2003年版。

原磊:《商业模式体系重构》,《中国工业经济》2007年第6期。

Paul Bambury,"A Taxonomy of Internet Commerce", *First Monday*, 1998, 10(2):1—11.

C Dreisbach, and S Writer,"Pick A Web Business Model that Works for You", http://www.workz.coin,2000.

Michael Rappa,"Managing the Digital Enterprise—Business Models on the Web", http://digitalenterprise.org/models/models.html.

罗珉、曾涛、周思伟:《企业商业模式创新:基于租金理论的解释》,《中国工业经济》2005年第7期。

Weill P, Vitale M R, *Place to Space: Migrating to E-business Models*, Harvard Business School Press,2001 351—359.

Alexander Osterwalder & Yves Pigneur, *Business Model Generation*, John Wiley & Sons,Inc,2010.

翁君奕:《商务模式创新》,经济管理出版社2004年版。

〔美〕约瑟夫·阿洛伊斯·熊彼特:《经济发展理论——对利润、资本、信贷、利息和经济周期的探究》,中国社会科学出版社2009年版。

Henry Chesbrough,"A Better Way to Innovate", *Harvard Business Review*,2003,(7).

〔美〕大卫·柯克帕特里克:《Facebook效应》,华文出版社2010年版。

Patrick Stahler,"Business Models as an Unit of Analysis for Strategizing", *International Workshop on Business Models*, Lausanne, Switzerland, 2002.

〔美〕彼得·F.德鲁克:《创新与创业精神》,萧富锋、李田树译,台北麦田出版股份有限公司1999年版。

〔英〕克里斯·弗里曼罗克·苏特:《工业创新经济学》,华宏勋等译,北京大学出版社2005年版。

李开复:《微博改变一切》,上海财经大学出版社2011年版。

《新浪微博用户数超5亿同比增长74%》,http://news.xinhuanet.com/tech/2013－02/21/c_124369171.htm。

新浪微博官网介绍,http://hr.weibo.com/jobs/about.php。

《什么是Sina App Engine》,http://sae.sina.com.cn/?m=devcenter。

《新浪微博商业化专访:信息流广告成阶段重点》,http://news.imeigu.com/a/1358840524818.html。

《新浪微博推"BigDay"营销方案 进一步探索盈利模式》,http://tech.ifeng.com/a/20150424/41066336_0.shtml。

《2011年9月中国主要微博网站用户年龄分布搜狐更加"高龄化"》,http://www.enfodesk.com/SMinisite/maininfo/articledetail－id－299586.html。

《微信进行时:厚积薄发的力量》,http://reteng.qq.com/info/15261.html。

《微信变身大史记:从IM到电商腾讯帝国新时代》,http://reteng.qq.com/info/21092.html。

《独家揭秘:微信红包前传》,http://www.cnbeta.com/articles/272510.htm。

《微软称MSN不退出中国市场》,http://news.xinhuanet.com/tech/2013－02/20/c_124365960.htm。

《2012年中国移动互联网用户数增长至7.5亿》,http://mobile.163.com/12/

1226/10/8JL41P2G001166IG. html。

《优酷狂拍客! 中国一日 24 小时主题接力优酷网重磅出击打造视频新"拍客"》, http://www. youku. com/about/cn/news_youku_view_31. html。

《优酷土豆第三季净亏 1460 万美元》, http://tech. sina. com. cn/i/2012－11－30/06007844904. shtml。

《技术优势助力优酷网打造中国第一视频网站》, http://article. pchome. net/content－582503. html。

《优酷的大时代:大剧战略布局大平台》, http://www. domarketing. org/html/2011/brand_1010/326. html。

《李丹:优酷土豆网 2012 年第三季度合并财报分析》, http://jingji. cntv. cn/2012/12/20/ARTI1355989185783686. shtml。

《杨伟东加盟优酷土豆集团任土豆网总裁》, http://www. youku. com/about/cn/news_youku_view_1603. html。

《雪莉·桑德伯格:改变 Facebook 的她》, http://tech. sina. com. cn/i/2012－02－04/02026682359. shtml。

Sagolla Dom, "How Twitter Was Born", http://www. 140characters. com/2009/01/30/how－twitter－was－born/.

Andrew Moore, "A Conversation With Twitter Co-founder Jack Dorsey", . http://www. thedailyanchor. com/2009/02/12/a－conversation－with－twitter－co－founder－jack－dorsey/.

Tim O'Reilly and Sarah Milstein, *The Twitter Book*, O'Reilly Media Inc 2012,13.

《Twitter 繁忙的 2012 年回顾:初创期终结或将 IPO》, http://roll. sohu. com/20130115/n363511026. shtml。

《Twitter 升级搜索功能:可只搜索关注账户》, http://tech. qq. com/a/20120707/000059. htm ,2012,7。

Graham, Jefferson (November 21,2005), "Video Websites Pop Up, Invite Postings. USA Today", http://www. usatoday. com/tech/news/techinnovations/2005－11－21－video－websites_x. htm. Retrieved July 28,2006.

USA Today, "YouTube Serves Up 100 Million Videos a Day Online", http://

www.usatoday.com/tech/news/2006-07-16-YouTube-views_x.htm. 2006-07-16.

BBC News (London),"Is YouTube's Three-strike Rule Fair to Users",http://news.bbc.co.uk/1/hi/programmes/click_online/8696716.stm.2010-07-21.

中国互联网研究中心：《YouTube拟资助国外内容制作商拓展频道战略》，http://www.ime19.com/d-25409.html。

中国互联网研究中心：《YouTube大力推广电视与移动设备"配对"功能》，http://www.ime19.com/d-41241.html。

《谷歌发布YouTube客户端广告收入激增》，http://mobile.163.com/12/0911/17/8B50LFQO001166IG.html。

中国移动互联网研究中心：《传谷歌与YouTube洽谈欲推付费频道》，http://www.ime19.com/d-45728.html。

《报告称YouTube带宽成本几乎为零》，http://tech.sina.com.cn/i/2009-10-17/10583515309.shtml。

《江南Style点击或达10亿：YouTube仅赚5万美元》，http://tech.sina.com.cn/i/2012-10-30/16347753660.shtml。

Salon,"YouTube Co-Founder Steps Down as CEO",http://www.salon.com/2010/10/29/us_tec_google_youtube_founder/ 2010-10-29.

《花旗分析师看好YouTube预计今年收入36亿美元》，http://tech.hexun.com/2012-06-23/142760731.html。

〔美〕托马斯·弗里德曼(Thomas Friedman)：《世界是平的》，湖南科学技术出版社2012年版。

《Facebook 190亿美元收购WhatsApp应对移动冲击》，http://tech.qq.com/a/20140220/003691.htm 2014-02-20。

《微信开放接口支持第三方应用》，http://tech.qq.com/a/20120426/000231.htm 2010-04-26。

〔加〕马歇尔·麦克卢汉：《理解媒介》，何道宽译，译林出版社2011年版。

后　记

　　经过一年多的资料整理与反复论证,最终完成此篇博士论文。本文囿于本人的研究领域及视野,必然存在很多不足之处,但是对于社会化媒体这一全新的媒体企业类型,本文中的一些有益的探索得益于家人、导师、亲朋好友以及社会化媒体企业的相关从业人员的默默奉献与支持,没有你们的帮助,本文无法在如此紧迫的时间内得以顺利完成。

　　感谢我的导师李怀亮教授,师从名师是我人生之大幸,是您在这三年的学习与实践中,教会我如何从一个企业的微观层面的研究上升到宏观理论的萃取与发现,您严谨的治学态度,以及对于新媒体商业模式发展的独特见解深深地吸引我去相关领域进行深入的探索,并由此确定了未来的研究方向,从而使这篇论文得以完成。

　　感谢我的妻子及家人,是你们在这三年的时间里,挑起家庭的重担,默默地支持我抛开一切家务琐事,全力投入到学习与研究中去,没有你们的奉献与支持,我将无法安心在短期内集中精力进行如此大规模的阅读与思考,将无数个周末流连于论文的构思与写作。

感谢我的好友胡百精,在我论文的写作过程中给予我很多启发性的意见与观念性的指导,使我在论文的构建方面得以顺利地前行。

感谢社会化媒体企业的相关朋友的支持,没有你们提供第一手的资料与一线经营感受,我无法在案例中进行详细透彻的分析与说明。

最后要感谢管理学创始人彼得·德鲁克,是您的有关创新的研究与分析模式使我的论文得以完善。同样需要感谢的还有文中所有引文的作者,是你们的论点使我的论文更加严谨与完善。

窦毓磊

2015.10

图书在版编目(CIP)数据

社会化媒体商业模式创新研究/窦毓磊著.
—北京：中国传媒大学出版社,2016.9
ISBN 978-7-5657-1559-4

Ⅰ.①社… Ⅱ.①窦… Ⅲ.①媒体创新-模式
Ⅳ.①H311.9-49

中国版本图书馆 CIP 数据核字（2015）第 269345 号

社会化媒体商业模式创新研究
SHEHUIHUA MEITI SHANGYE MOSHI CHUANGXIN YANJIU

作　　者	窦毓磊
责任编辑	王雁来
责任印制	阳金洲
封面制作	泰博瑞国际文化传媒
出版发行	中国传媒大学出版社
社　　址	北京市朝阳区定福庄东街1号　邮编:100024
电　　话	86-10-65450528　65450532　传真:65779405
网　　址	http://www.cucp.com.cn
经　　销	全国新华书店
印　　刷	北京玺诚印务有限公司
开　　本	710mm×1000mm　1/16
印　　张	14.5
版　　次	2016年9月第1版　2016年9月第1次印刷
书　　号	ISBN 978-7-5657-1559-4/H·1559
定　　价	58.00元

版权所有　　翻印必究　　印装错误　　负责调换